Excusas para no pensar

Cómo nos enfrentamos
a las incertidumbres de nuestra vida

Excusas para no pensar

Cómo nos enfrentamos a las incertidumbres de nuestra vida

Eduardo Punset

Ediciones Destino

Diagonal, 662-664. 08034 Barcelona
www.edestino.es

Primera edición: marzo de 2011

ISBN: 978-84-233-4413-0
Depósito legal: M. 7.951-2011
Impreso por Dédalo Offset, S. L.
Impreso en España *Printed in Spain*

El papel utilizado para la impresión de este libro es cien por cien libre de cloro y está calificado como papel ecológico.

Dedico este libro a todos
los que han descubierto que hay
vida antes de la muerte.

Prólogo

«Ninguna de tus neuronas sabe quién eres... ni le importa»

Cualquier excusa es buena para pensar que lo que conviene a una persona no sólo es conveniente, sino lo más conveniente. Nos agarramos indefectiblemente a esa excusa para no tener que pensar innovando o cambiando de opinión. Es sabido que el cerebro recurre a mil triquiñuelas para que no nos demos con la cabeza en la pared. Lo que le importa no es la búsqueda de la verdad sino sobrevivir. Y si para ello es mejor no pensar o seguir pensando como antes, pues tiene una excusa maravillosa para no pensar más.

Tanto es así que los últimos experimentos neurocientíficos tienden a cuestionar lo que nos empeñamos en llamar decisiones conscientes, al enunciarnos que diez segundos antes de optar por una solución, las neuronas han decidido el tipo de resolución que vamos a tomar. Sin que nosotros lo sepamos. Algo parecido ocurre con nuestro sistema motor, que opta por un músculo de una mano u otra, cinco segundos antes de que lo activemos.

Entonces tuve razón de inscribir en la camiseta de mi grupo en Facebook: «Ninguna de tus neuronas sabe quién eres... ni le importa», le solté al neurocientífico británico John Dylan Haynes, reconocido mundialmente por sus pruebas de resonancia magnética e imagen aplicadas al estudio del inconsciente.

«Tenías toda la razón del mundo», fue su respuesta.

A la luz del peso exorbitante del inconsciente —tanto o más complejo que muchos procesos cognitivos considerados conscientes—, resulta que estamos más desarmados para enjuiciarnos a nosotros mismos de lo que pensábamos. Y no obstante, nos empeñamos en escudriñarnos sólo a nosotros mismos, en contemplar minuciosamente nuestros intestinos y decidir, a la luz de lo que no vemos, si somos buenos o malos, si estamos predeterminados al éxito o al fracaso, si expresamos empatía hacia el dolor de los demás o si, como los psicópatas, no tenemos sentimientos; sobre todo, no tenemos la comprensión de los sentimientos ajenos.

¿Tanto nos cuesta aceptar que estamos mejor preparados para enjuiciar a los demás, analizar el mundo de afuera y, particularmente, a la manada de la que formamos parte, que al significado del estallido de nuestras propias neuronas al que siempre llegamos tarde, a toro pasado? «¿Tú eres liberal o socialdemócrata, Eduardo?», me preguntó un gran amigo hace veinte años. «Eso lo sabréis los que sigáis vivos cuando mis átomos se hayan descohesionado.»

Este libro parte de las reflexiones sobre algo fascinante: lo que les pasa a los demás por dentro —en modo alguno en las propias entrañas, como suele ser el caso—. Eso es lo que me pidió el *XLSemanal*, suplemento dominical del grupo Vocento, el más leído de todos los semanales. Durante unos tres años he hablado con los tristes y apesadumbrados para aprender lo que ellos no sabían: las causas del desamor y sus efectos; he conversado con los optimistas que no encontraban a su alrededor nadie lo suficientemente infeliz para cuestionar su futuro; he intentado sugerir a muchos que había vida antes de la muerte y que ahora podíamos, si no transformar el mundo, sí transformar con paciencia nuestro cerebro; multitud de almas en pena han constatado conmigo que la felicidad es la ausencia del miedo, al igual que la belleza es la ausencia del dolor.

¿Sabía el lector por qué el nivel de fluctuaciones asimétricas de una cara con relación al promedio explica mejor que unos labios gruesos o unas caderas anchas la seducción irresistible? ¿Será posible que no sepamos todavía cómo funcionan los mecanismos de aprendizaje de los demás?

Cuanto más lo pienso más me reafirmo en la convicción de que la pregunta más obvia, la que nos deberíamos haber hecho hace decenas de miles de años para sobrevivir, es la de saber qué les pasa a los demás por dentro. Me paran en la calle, escucho su discurso disonante relativo a por qué son como son sin serlo y me quedo fascinado de que me regalen otra ocasión de profundizar por qué sus neuronas no les hacen caso.

Creyeron primero que los dogmas, aunque exigieran sacrificios humanos, podían explicarlo todo. Después descubrieron que el alma estaba en el cerebro pero que guardaba celosamente todos sus secretos. Por último, ahora están, con razón, a la espera de que las resonancias magnéticas, clarificadoras de las huellas dejadas en el cerebro por la expresión de sus genes y la experiencia individual, les cuenten la verdad: ¿cómo se toma una decisión, realmente?, ¿qué canales utilizamos para almacenar los recuerdos en la memoria a largo plazo?, ¿de qué manera gestionamos nuestras emociones básicas y universales?, ¿planificamos los treinta años de vida redundante que nos regala el alargamiento de la esperanza de vida?, y, sobre todo, ¿por qué van a disminuir contra toda evidencia los índices de violencia en el planeta y aumentar los de altruismo?

Cuando haya concluido la lectura de este libro, al lector se le habrán sugerido nuevos caminos que, muy probablemente, le induzcan a cambiar de opinión y de vida. Sabrá explorar mejor las grandes incertidumbres que supuestamente le acosan. ¿Cuáles son esos caminos?

Primero, que estamos programados, es cierto, genética y cerebralmente, pero programados para ser únicos, porque nos habíamos olvidado del impacto neuronal de la experiencia individual. Podemos transformar nuestro cerebro.

Segundo, que la felicidad está en la sala de espera de la felicidad y que no debiéramos, por lo tanto, menospreciar el bienestar escondido en los a menudo largos itinerarios que conducen a ella.

Tercero, que si la felicidad es también la ausencia del miedo, tan verdad es que la belleza es la ausencia del dolor; lo que delata un rostro o un acontecimiento bello es que el metabolismo de aquel organismo o estructura funciona adecuadamente, de acuerdo con las leyes físicas de la simetría.

La gente de la calle queda sorprendida y agradablemente reconocida cuando juntos intuimos algo que no debiéramos haber olvidado nunca: hay vida antes de la muerte, y parecería lógico que este pensamiento fuera el que presidiera sus acciones, en lugar de seguir escrutando sólo si hay vida, únicamente, después de la muerte.

Quinto, que el cerebro, lejos de buscar la verdad, lo que quiere es sobrevivir; de ahí que cualquier disonancia con lo establecido genere su repulsa inicial. Enfrentado a una opinión distinta no sólo la repudia sino que se inhibe para ni siquiera considerarla. Lo contrario le obligaría a reconsiderar todo su planteamiento defensivo.

Sexto, que no es correcto intentar definir la inteligencia como se ha venido haciendo hasta ahora: los homínidos eran inteligentes y el resto de los animales no. Ahora resulta que pueden existir organismos inteligentes en el resto de los animales, y humanos que no lo son. Todo depende si se dan en ellos, simultáneamente, tres condiciones: flexibilidad de criterio que les permita cambiar de opinión, capacidad para diseñar representaciones mentales que les permiten predecir lo que va a ocurrir y, finalmente, si son o no innovadores.

Séptimo, que lo importante para innovar no es tanto la disponibilidad de recursos como el conocimiento necesario para progresar. Hemos estado acostumbrados en los años del milagro económico a que bastaba con aportar más recursos para superar dificultades, olvidando que el futuro no dependerá tanto de la cantidad de recursos como de la tecnología y del conocimiento.

Octavo, que el sistema educativo que dio trabajo a las generaciones anteriores ahora es incapaz de facilitarlo a los jóvenes si no están dotados de las nuevas competencias para abrirse camino: la capacidad de concentración, la vocación de solventar problemas, la voluntad de trabajar en equipo, desarrollar la inteligencia social y aprender, por fin, a gestionar sus emociones.

Noveno, que el cerebro tiene sexo y que los varones —al contrario de las hembras— irrumpen en la pubertad más tarde y se comportan toda la vida como si tuvieran doce años; en ellas, el comportamiento infantil desaparece con la edad mientras que en ellos perdura toda la vida. Lo de menos es la diferencia de su sistema límbico.

Décimo, que ahora sabemos tras numerosas megaencuestas y experimentos científicos las dimensiones de la felicidad sin las cuales es muy difícil que, en promedio, se dé en los humanos: relaciones personales, control de la propia vida, saber sumergirse y disfrutar del flujo de la vida. Las otras dimensiones sólo muestran cierta correlación con la felicidad en determinadas condiciones, como los niveles de renta, la educación o la capacidad de resolver problemas.

Undécimo, que nadie puede pretender sustentar la armonía en la pareja, reformar el sistema educativo y gestionar el mundo de las empresas sin conciliar entretenimiento y conocimiento. Sin fusionar en el mundo moderno los dos conceptos tradicionalmente antagónicos no funcionará ni la pareja, ni la educación, ni la vida corporativa.

Por último, que el colapso de las prestaciones sanitarias, educativas y de seguridad ciudadana, a raíz de la necesaria universalización de dichas prestaciones, en un mundo cada vez más globalizado, sólo podrá abordarse con éxito desde supuestos radicalmente nuevos de las políticas de prevención. En lugar de aportar más recursos para hacer frente a las crecientes demandas de prestaciones, la solución pasa por la puesta en pie de políticas preventivas que mermen las demandas ulteriores.

Barcelona, marzo de 2011

Itinerario 1

El origen de todo

¿Dónde y cómo surgió la vida?

El origen de la vida sigue siendo una de las principales cuestiones sin resolver de la ciencia. Todavía desconocemos si la vida es un fenómeno muy probable o, por el contrario, altamente improbable. En este sentido, las opiniones entre los científicos son dispares. Algunos creen que la vida constituye un fenómeno químico insólito que surgió una sola vez en todo el universo observable. En cambio, otros científicos piensan que la vida surge de un modo natural, casi automático, con arreglo a las leyes propensas a la vida.

Una posibilidad es que no se haya originado en la Tierra, sino que haya llegado de otro planeta. La vida, por ejemplo, se podría haber originado en Marte para, posteriormente, llegar a la Tierra a bordo de asteroides o cometas.

Tanto si se inició en Marte como si lo hizo en la Tierra, la pregunta sigue siendo dónde. ¿Fue en la superficie o tal vez en las profundidades? Ambas superficies eran lugares muy peligrosos a causa de las colisiones de meteoritos. Así que parece razonable buscar la vida bajo la superficie, donde ya hemos encontrado microbios que pueden tolerar temperaturas extremas, incluso superiores al punto de ebullición del agua.

Más complejo resulta entender cómo pudo originarse. Sabemos que una mezcla de elementos químicos dio lugar a algo con vida. Se han realizado experimentos en el laboratorio para intentar reproducir esas condiciones, pero todos han fracasado, porque la vida no está hecha de nada especial. La célula viva no es materia mágica, sino un superordenador, un sistema de procesamiento y reproducción de información tan avanzado que nuestros ordenadores resultan patéticos en comparación. La naturaleza ha producido una máquina de procesamiento de información inigualable: la célula viva.

El secreto de la vida no estriba en el *hardware*, sino en el *software*. Nuestros genes son conjuntos de instrucciones que nos ayudan a hacer cosas y a llevar a cabo proyectos. La complejidad basada en instrucciones es la clave de la vida.

El físico británico Paul Davies lo resume muy bien. Dice que cuando abordamos el problema del origen de la vida, hacemos frente a tres grandes misterios. Queremos saber cuándo se estableció la vida por primera vez en la Tierra; queremos determinar dónde sucedió y, por último, queremos descubrir cómo pasó: cómo un conjunto de sustancias químicas inertes pudieron transformarse en algo con vida. Hemos avanzado mucho en las primeras dos cuestiones. Por ejemplo, mediante el registro fósil, encontramos rastros muy antiguos de vida en la Tierra. En Australia hay rocas que datan de hace 3.500 millones de años, en las que aparecen signos de fósiles microscópicos. Se calcula que la Tierra tiene unos 4.500 millones de años, y durante los primeros 700 millones de años, estuvo sometida a un bombardeo constante de cometas y asteroides: las condiciones de la superficie de la Tierra eran realmente hostiles y esta situación se prolongó hasta hace unos 3.800 millones de años.

Así pues, parece que la vida en la Tierra surgió con bastante rapidez en cuanto las condiciones empezaron a ser favorables, lo que apunta a que tal vez no empezara en la Tierra, sino que llegara a nuestro planeta procedente de algún otro lugar.

En busca de otras formas de vida

Según Davies, la manera más directa de responder a estas preguntas no es sólo seguir reflexionando sobre ellas, sino descubrir otra forma de vida, ya sea creándola en el laboratorio o buscándola en otros planetas. Veríamos un único árbol de la vida, no otro distinto. Davies no cree que estemos solos en el universo; piensa que hay vida en muchos planetas y, por eso, para descubrir el principio de la vida hay que buscarla.

Si resultase que la vida surge con facilidad y que está extendida por el universo, posiblemente haya surgido más de una vez en la Tierra. Si volvemos a las primeras fases de la evolución terrestre, cuando el planeta estaba sometido a un auténtico bombardeo de meteoritos, sin duda hubo períodos entre los grandes impactos en los que la vida podría haber surgido y, posteriormente, haber sido aniquilada, por alguna gran colisión. Así que podemos imaginar una amplia sucesión de procesos de génesis. Esta idea plantea la posibilidad de que tal vez alguna de estas formas de vida no haya sido totalmente aniquilada, sino que haya sobrevivido en lugares recónditos, tal vez bajo tierra..., y podría seguir allí todavía.

Un descubrimiento de este tipo sería sensacional: otra forma de vida aquí en la Tierra supondría una respuesta a los sueños de los biólogos. Sería, probablemente, el descubrimiento más importante en la historia de la biología. Quizá podamos encontrar un tipo de vida que pueda vivir a una temperatura superior incluso a la de los hipertermófilos (organismos que viven en ambientes de temperatura extrema) y los extremófilos (organismos que viven en ambientes de condiciones extremas: acidez, presión, radiación, etc.), que ya conocemos. Así que es posible que haya formas de vida extraterrestre mucho más cerca de lo que imaginamos.

Últimas noticias desde el Universo

El gran divulgador científico y astrónomo Carl Sagan murió de tristeza —dicen las buenas lenguas— al descubrir que no había rastro de vida en el universo, salvo la nuestra en el planeta Tierra. A diferencia de lo que hoy en día cree Paul Davies, Sagan aseguraba que estábamos solos y no podríamos jamás compartir con otros nuestras vivencias. Es más, no sabríamos nunca lo que realmente somos, puesto que al ser el único ejemplo de vida en el Universo no íbamos a poder compararnos con otras formas de vida. De esta manera sería imposible definirnos a nosotros mismos. De ahí arranca, con toda probabilidad, el lío en el que sigue metida una buena parte de la humanidad cuando se pregunta cómo empezó todo.

La confusión impera tanto en la versión religiosa del origen del mundo como en la de aquellos convencidos de que todo se habría iniciado con el Big Bang hace catorce mil millones de años. Si fuera cierto que Dios creó el mundo, ¿dónde estaba el Creador antes de la creación? Si, por el contrario, toda la materia que vemos a nuestro alrededor procede de la bola de fuego que surgió con el Big Bang, ¿de dónde vino esa bola? ¿Se creó el universo a partir de la nada?

Hay grandes novedades en este campo que no habrían calmado totalmente la curiosidad de Carl Sagan, pero que, a buen seguro, no le habrían sumido en la tristeza. Hasta hace muy poco, gracias a las investigaciones de científicos como Edwin Hubble —detrás de nuestra galaxia hay millones de otras galaxias— o como Alan Guth —la teoría inflacionaria del Universo— sabíamos con una exactitud pasmosa todo lo que ocurrió después del primer segundo del comienzo de todo, hace casi 14.000 millones de años. Eso sí, no sabíamos nada de lo que había un segundo antes: estábamos convencidos de que no había nada.

Esta teoría del origen del Universo la compartíamos también con la Iglesia, a la que convenía mucho —era compatible con las

Sagradas Escrituras— que el Universo tuviera un comienzo. Antes no había nada de nada y luego Dios creó el mundo. Por una vez, científicos y místicos estaban totalmente de acuerdo: en un momento dado se produjo la expansión de una partícula que inició el tiempo y creó el espacio de materia y energía. Éstos se expandieron a velocidades y temperaturas increíbles para enfriarse luego paulatinamente a lo largo de los últimos trece mil millones de años. Si ha existido una convicción consensuada, plasmada incluso en los libros, ésa era la historia del cosmos. Sobre todo, desde que dos ingenieros de una multinacional, Arno Penzias y Robert Wilson —buscando dónde instalar una antena que no sufriera interferencias—, descubrieron la llamada radiación cósmica de fondo: aunque te colocaras en el lugar más enrevesado del planeta, seguirías recibiendo la radiación cósmica de fondo que dejó el Big Bang. Obtuvieron el premio Nobel de Física por su descubrimiento.

Como dice el astrofísico Rafael Rebolo, del Instituto Astrofísico de Canarias, «para el astrónomo, mirar el cielo es mirar hacia el pasado». El Universo nos proporciona rastros de cómo fue su origen. Y construimos telescopios e instrumentos complejos para tratar de descubrir esas huellas que a lo largo de la historia del Universo han quedado impresas en fenómenos que hoy podemos registrar, medir. Igual que un arqueólogo entra en una pirámide y encuentra los vestigios intactos de una civilización pasada, en el Universo encontramos huellas intactas de cómo pudieron ser sus primeros instantes.

¿Qué pasó antes del inicio?

Pero, al igual que en el cuento *Los siete cabritillos y el lobo*, cuando el lobo muestra la pata rebozada en harina por debajo de la puerta para esconder su identidad, esta radiación cósmica de fondo testificaba el fenómeno previo del Big Bang que inició al universo.

Ahora, de pronto, unos físicos que están en la vanguardia del pensamiento científico han sometido al escrutinio de sus colegas una teoría sobre el origen del cosmos totalmente distinta e igualmente plausible. Tanto los científicos laicos como los místicos interesados en la ciencia se habrían equivocado. Lo que unos y otros consideran el momento preciso de la creación no sería más que la repetición de un ciclo infinito de colisiones colosales entre nuestro mundo y un universo invisible y paralelo.

Paul Steinhardt, físico teórico de la Universidad de Princeton, es el padre de uno de esos modelos que buscan simplificar la explicación del origen del Universo. Steinhardt explica cómo durante los últimos cincuenta años hemos estado convencidos de que el Universo tuvo un principio bien definido; que pasó de la nada (ningún espacio, ningún tiempo, ninguna energía, ninguna materia) a algo a través de procesos que nunca acabamos de entender completamente. Y que todo lo acaecido en el universo sucedió a partir de ese momento inicial.

Ésta ha sido la idea predominante, pero ahora empezamos a cuestionárnosla. Lo que este físico apunta es que puede ser que lo que conozcamos como el Big Bang no fuera realmente el principio; tal vez en ese momento sucediera algo drástico que diera lugar a mucha materia, tal vez la materia que nos conforma se creara entonces, pero pese a todo el Big Bang no fue el principio.

Quizá el espacio y el tiempo existían antes, y los acontecimientos cruciales que dieron lugar a todo lo que observamos en el Universo actual no sucedieran después del Big Bang sino antes, y todo lo que vemos en el Universo son las huellas, los vestigios de acontecimientos que sucedieron antes de ese gran fenómeno. Ésta es la idea que están investigando ahora.

Otros universos

El universo visible no es más que una pequeñísima parte de una realidad más amplia que no podemos ver porque existen otras dimensiones: siete, más allá de las tres espaciales a que estamos acostumbrados. Según una nueva hipótesis cíclica del Universo, no es cierto que el tiempo se iniciara con el último Big Bang. El tiempo ya existía porque es infinito y preside una serie consecutiva de colisiones cada trillón de años entre nuestro mundo y los otros universos.

Varios científicos apuntan a que todo lo que vemos en el Universo pueden ser huellas de lo que sucedió antes del Big Bang.

A raíz de esa conflagración nace un universo, diminuto al comienzo, que se expande porque la fuerza del impacto conlleva la

expansión continuada del espacio. Bancos de gas dibujan galaxias y otras estructuras cósmicas mientras el espacio continúa expandiéndose.

Éste es, más o menos, el momento en que nos hallamos ahora. Después de un billón de años desde el último Big Bang se habrán extinguido casi todas las estrellas y se habrá vaciado el universo. Pero quedará suficiente energía para una nueva colisión que se repita eternamente.

La pregunta es qué sucederá ahora con el Universo según esta nueva teoría. Steinhardt cree que para responder a esta cuestión es necesario ir hacia atrás, hace cuatro mil millones de años, cuando el Universo consistía básicamente en materia. Fue entonces cuando se produjo un cambio fundamental, y esta materia se transformó hasta llegar a estar dominada por una nueva forma de energía que llamamos energía oscura, y que tiene un tipo de fuerza gravitatoria muy peculiar: en vez de atraer, repele. Se ha descubierto que, en realidad, la mayor parte de lo que hay en el Universo hoy en día es de tipo autorrepulsivo. Así que esta energía no solamente se está separando mediante su gravedad, sino que está haciendo que el Universo se separe, que la expansión se acelere, de modo que se está convirtiendo en un espacio más y más vacío. Su tamaño se está doblando. Así pues, hay cosas que vemos ahora que perderemos de vista en el futuro. El Universo se parecerá cada vez más a un páramo yermo.

Este proceso se repite aproximadamente cada billón de años, por eso lo llamamos modelo cíclico: esta energía, más la gravedad, se transforma nuevamente en un gas muy denso de materia, y el proceso vuelve a empezar. Empieza de nuevo con un gas muy caliente, que luego se expande y se enfría para formar nuevos átomos, y polvo y planetas y estrellas.

La idea es que el Big Bang no sucedió una sola vez, sino que se repite a intervalos regulares, y que esa huella, formada en la radiación de fondo de microondas, esas arrugas que fueron tan importantes para configurar la estructura del universo, fueron arrugas que se crearon en lo que desembocó en el Big Bang, antes del Big Bang, que correspondieron a acontecimientos anteriores, y que acabaron determinando la evolución de la estructura en el siguiente ciclo. Cada ciclo deja una huella en el inmediatamente posterior, y todos están vinculados entre sí. El cosmólogo Alexander Vilenkin también cree que hubo muchos Big Bang, y asegura que habrá un número infinito de ellos en el futuro que darán lugar a regiones como la nuestra, que él define como burbujas en expansión.

¿Por qué es tan atractiva la idea de un cosmos cíclico que se repite? En la literatura hindú, por ejemplo, la cosmología estaba ya basada en un universo cíclico; y tampoco faltan ejemplos en el pensamiento occidental. Si el Universo tiene un comienzo, tienes que explicar cuándo y cómo empezó. Un Universo cíclico, en cambio, es eterno y su comienzo no requiere explicación.

La evolución de nuestro planeta

La vida viaja sobre las placas tectónicas, que se mueven a la velocidad que crecen nuestras uñas. Sabemos, desde hace muchos años, que nuestro interior alberga un inconsciente que en multitud de ocasiones es el responsable sigiloso de nuestras decisiones. Lo que no nos imaginábamos, hasta hace muy poco, es que el planeta Tierra también tiene un inconsciente que define los grandes hitos de la vida terrestre.

Durante los siglos XIX y XX, los geólogos acumularon datos para trazar el mapa del planeta y sus recodos, pero no existía una teoría para explicarlo todo. Eso convertía a los geólogos en poco más que coleccionistas de sellos. Y de pronto, una teoría simple

—la interacción de unas pocas placas tectónicas que se mueven sobre un océano de magma— explicó todos los fenómenos geológicos. Por fin había un modelo para la Tierra.

Los siguientes cuarenta años han sido una exploración de las implicaciones de esta idea insólita. La peligrosa sugerencia de Darwin —evolución acumulativa por selección natural— hizo por la biología lo que la tectónica de placas hizo por la geología: creó una teoría del todo.

Hace 250 millones de años, Pangea, el supercontinente que existió durante la Era Mesozoica antes de que el proceso de las placas tectónicas separara los continentes, se dividió y empezó su camino hasta el mapa del mundo que conocemos hoy. Mucho antes ya se habían conglomerado otros supercontinentes. De los 4.500 millones de años que tiene la Tierra, tres cuartas partes pueden explicarse con la tectónica de placas. Esas que han creado el entorno al que la vida tuvo que adaptarse por selección natural.

Hoy vemos las consecuencias de millones de años de movimientos tectónicos en los paisajes y la vida que los habita. La Tierra, como la vida, también ha evolucionado. Las placas son el lenguaje de esta evolución, del mismo modo que los genes narran la evolución de los organismos. La tectónica de placas no sólo perfila la geología, sino que también subyace en los momentos más importantes de las sociedades humanas.

Cuando los distintos continentes constituían uno solo, como ocurrirá de nuevo dentro de millones de años, la persecución de los depredadores sobre sus víctimas no tenía fin, puesto que no había límites geográficos, y multitud de especies se extinguieron. La caída de muchas civilizaciones se debe al cambio climático producido por un volcán: cenizas arrojadas a la atmósfera pueden cambiar el clima y los cultivos creando un efecto global. Y los volcanes —como los terremotos, las fosas oceánicas, las cadenas montañosas y los grandes sistemas de fallas— sólo pueden explicarse por el movimiento de la tectónica de placas.

La vida inconsciente del planeta no siempre conduce al desastre. La lucha por los metales —oro, plata, cobre o hierro—, por el petróleo o por los materiales radioactivos ha determinado la historia humana, que, a su vez, está programada por razones geológicas por el movimiento de placas.

Tuvimos que aceptar que no éramos el centro del Universo; que los humanos no estábamos hechos de materiales distintos; que andamos, literalmente, sobre nubes de electrones; que nuestro genoma nos identifica como primates sociales; que apenas conocemos una cuarta parte de la materia que constituye el Universo; que más de un 90 por ciento de la realidad es invisible; que otro tanto de nuestras decisiones las tomamos en función de emociones que no controlamos; y que el marco de la vida está programado por las placas tectónicas.

Tal vez el único clavo ardiente al que agarrarse sea que somos los únicos en ser conscientes de que somos conscientes de que todo lo anterior ocurre. Aunque esto siga sin explicar el espíritu prepotente y dogmático que domina a tanta gente.

El largo viaje de nuestros antepasados

1) *Por qué somos distintos unos de otros*

Todo empezó con la gran migración procedente de África hace más de 50.000 años. Aquellos homínidos constituían un grupo de personas muy reducido, entre otras razones porque en el continente sólo habitaban unas cinco mil personas. Ignoramos la razón por la cual el número de seres humanos se había reducido tanto; quizá se debiera a una gran sequía u otra catástrofe similar.

Los estudios genéticos también indican que los seres que abandonaron África pertenecían a un único grupo tribal de unas 150 personas —el tamaño típico de este tipo de tribus—. Al concentrarse la migración en un solo grupo, podemos deducir que todas las personas de descendencia africana que viven en otros continentes descienden de unas pocas parejas. Los miembros de aquella tribu emigrante tenían la piel oscura y, probablemente, hablaban el mismo idioma. Algunos se fueron a Australia; otros, a Asia.

Entre veinte mil y treinta mil años después, los aborígenes de Australia mantienen una civilización prácticamente calcada a la de sus antepasados africanos. En cambio, los descendientes de aquellos que migraron a Asia y a Europa desarrollaron una civilización diferente. Una de las preguntas más interesantes acerca de la Prehistoria es intentar comprender cómo, a pesar de nuestro origen común, algunas sociedades se han mantenido casi intactas, mientras que otras se han transformado.

La hipótesis de algunos científicos es que la presión del medio ambiente resultó determinante para modelar las distintas formas de vida. Los seres humanos tenían que adaptarse a condiciones diferentes según la zona en la que viviesen. Las primeras personas que emigraron de África se dirigieron hacia el este hasta llegar a Australia y se adaptaron, porque la especie humana inicial era tropical y prefería vivir en países cálidos. Pero aquellos que llegaron a Asia y a Europa se trasladaron, paulatinamente, tierra adentro. En aquella época —en la cúspide de la última glaciación—, los seres humanos que migraron hacia latitudes del norte estuvieron sometidos a enormes presiones para sobrevivir en climas muy fríos. No tuvieron más remedio que recrear nuevas formas de organización y supervivencia.

En la primera etapa, las diferencias entre las distintas formas de vida probablemente no fuesen tan marcadas como ulteriormente, ya que, durante unos 35.000 años, el ser humano siguió viviendo en todo el mundo de acuerdo con las costumbres del cazador-recolector. El gran cambio no sucedió hasta hace apenas 15.000 años, cuando se formaron los primeros asentamientos humanos, probablemente a raíz de un profundo cambio genético en nuestro ADN mitocondrial que nos transformó en seres menos agresivos, algo más amables o, al menos, suficientemente pacíficos como para poder fundar comunidades estables y aprender a convivir. Nuestros antepasados eran terriblemente agresivos. Existen muchas pruebas de que las sociedades primitivas peleaban continuamente y de que la exterminación era una práctica habitual. Cuando las sociedades primitivas se enzarzaban en una guerra, no hacían prisioneros, salvo para traerlos a casa, cebarlos y comérselos luego. Eran guerras hasta la muerte. Por eso, el cambio hacia una sociedad menos agresiva fue fundamental para la evolución.

2) *La cocina nos hizo humanos*

Pero vayamos más allá. Ahora que sabemos que la convivencia social fue clave para la evolución de nuestra especie, cabe preguntarse qué fue, exactamente, lo que nos hizo humanos.

Los criterios que supuestamente nos tornaban más humanos tenían que ver con el tamaño del cerebro, unas veces; con su capacidad metafórica, que no dependía necesariamente del tamaño cerebral, otras veces; con la adopción del sistema motor bípedo en la sabana africana; con el cambio de dieta omnívora; con el sistema de ovulación oculta; con los primeros asentamientos agrarios; con el nacimiento del lenguaje hablado y, miles de años después, del escrito; y con la capacidad de fabricar máquinas herramienta. «Eso sí nos distingue del resto de los animales», se afirmaba tajantemente. Pues resulta que es mentira.

Lo que nos distingue realmente y propulsa el disparadero de nuestra diferenciación no tiene nada que ver —o mucho menos de lo que se creía— con el tamaño del cerebro; el hombre Neanderthal lo tenía mayor que nuestros antepasados directos, pero partes importantes de aquel cerebro no se utilizaban adecuadamente. La capacidad metafórica que permitía relacionar dominios dispares como el biológico y el de los materiales era más bien el resultado de algo más importante, acaecido con anterioridad, pero no era en sí mismo la causa del gran paso adelante. El echar a andar —o mejor, a correr— con dos piernas en lugar de cuatro patas patenta el modelo teórico para ejecutar el mayor despliegue de energía con el menor consumo posible. ¡Qué duda cabe de que la asimilación de carne —en lugar de sólo vegetales— suministra mayor energía!... Pero nuestros antepasados fueron carnívoros mucho antes que homínidos, como nosotros. La ovulación oculta de las hembras desempeñó un papel fundamental para disminuir los niveles de infanticidio, primero, e inducir el fortalecimiento de la pareja, después. Pero en nada o casi nada definió nuestra condición de humanos. Igual ocurre con la monogamia, que deja intacta a la especie, pero la hace más perdurable. El habla, en contra de lo que se ha dicho tan a menudo, no nos ha hecho humanos, ni la capacidad de fabricar herramientas para sobrevivir. ¡Que se lo pregunten si no a los chimpancés!

Ha sido Richard Wrangham, profesor de biología y antropología de la Universidad de Harvard, el que ha puesto el dedo en la llaga. Aunque a muchos paleontólogos y fisiólogos les cueste creerlo, resulta que fue la cocina la que nos hizo humanos.

Cocinar permite comer cantidades apreciables de alimento sin gran esfuerzo digestivo y concentrar recursos dietéticos sin necesidad de grandes establos para conservar el pienso. Te las arreglas perfectamente con un estómago mucho más pequeño que el del hombre primitivo y el de las vacas, y se hace más fácil obtener la energía de los alimentos. La cocina nos halaga con sabores y nos hace más felices. ¿Qué más queremos? Lo único que hace falta es el fuego. Para ser humanos como nosotros hacía falta cocinar y, por lo tanto, haber descubierto el fuego un poco antes de lo que habíamos creído hasta ahora. Wrangham asegura que nuestros dientes se volvieron mucho más pequeños que los de nuestros antepasados hace 1,9 millones de años, con el *Homo Erectus*, con lo que fue ésta la primera especie que cocinó los alimentos, ya que sus dientes no eran aptos para masticar comida cruda porque hay que tenerlos muy grandes para poder masticar la fibra de la comida vegetal o para triturar la carne. Y así nos hemos convertido en los únicos animales a los que la comida cruda no les sienta nada bien. Si le damos a un chimpancé comida cruda, le sienta bien, crece; en cambio, un humano adelgaza, no le gusta.

Una vez que aprendimos a cocinar no hubo forma de escapar de ello porque nos adaptamos biológicamente.

Pero ¿cómo llegamos hasta aquí?

Wrangham cree que el hecho de tener que cocinar los alimentos, tener que esperar a que se cuezan, provocó un pacto social entre los humanos: cada uno comía lo que había conseguido durante el día y había cocinado después y no le robaba la comida a su vecino. Es un dato extraordinario sobre la naturaleza de la comida y su relación con la sociedad.

Las personas, pese a lo que suele creerse, no se volvieron sedentarias por vivir en sociedades agrícolas, sino al revés. Este descubrimiento arqueológico nos remonta hasta hace unos 11.500 años en Oriente Próximo, donde arrancó una nueva era para la evolución humana. El universo mental de una comunidad sedentaria es completamente distinto al de una comunidad de cazadores-recolectores. En una comunidad sedentaria, todo el horizonte de la experiencia humana se modifica: las personas conviven permanentemente, aprenden a comerciar para acumular propiedades, a esperar para que la comida se cocine y poder mantener a más hijos. Para entenderse con los vecinos deben desarrollar su inteligencia. No hay mayor reto para un humano que entenderse con otros humanos. En ese momento de la historia, si una mujer,

Cocinar los alimentos antes de comerlos fue un gran salto para nuestra especie, nos hizo más humanos.

que era y es, en general, más débil físicamente que cualquier hombre, traía comida al campamento y la dejaba en el suelo, delante de todo el mundo, nadie se la quitaba. Si hubiese sido de un chimpancé, un león, una víbora o cualquier otro animal, los grandes se hubieran quedado con la comida. Pero en los humanos esto no sucede y es porque hemos desarrollado un sistema cultural que dice: «No, esta carne le pertenece a ella», pero tiene un precio, y el precio es que la defiende su marido. La defiende porque su marido forma parte de un grupo de hombres y tienen un acuerdo entre ellos: «No te alimentarás a costa de mi mujer y yo no comeré nada que sea de la tuya». Así es como se alimentan el marido y la mujer.

3) La pareja y la monogamia

Al analizar la metamorfosis que experimentamos hasta llegar a humanos, vemos que hemos mantenido muchas cosas de nuestros antepasados, que también vemos en el resto de los primates actuales, nuestros primos. Esto queda patente en el ADN: el 99 por ciento del nuestro es idéntico al de los chimpancés, por ejemplo. Nuestra conducta también es muy similar: somos sociables y territoriales, peleamos por defender el territorio. Por si fuera poco, bostezamos como los simios, aunque sin finalidad aparente.

En investigaciones recientes se ha descubierto un gen del lenguaje, el FOXP2 —necesario para establecer los circuitos neurales imprescindibles en el aprendizaje del lenguaje—, que corrobora que la facultad del habla es innata, como sostienen Noam Chomsky o Steven Pinker. Sin este gen, que fue fraguándose con el tiempo, los niños no podrían aprender a hablar en sólo tres años.

Lo curioso es que el lenguaje es muy importante para entendernos, pero también para confundir a los demás. Como estábamos sumidos en tantas peleas, el lenguaje fue una manera de distinguir a los foráneos de los intrusos. Por eso tenemos tantos idiomas y dialectos, y antes de que viajáramos fácilmente era posible adivinar a qué distancia estaba el pueblo del que venía un visitante sólo con escuchar su dialecto.

Pero mucho antes, en las sociedades primitivas, acaeció otro cambio radical, que, junto con la convivencia social y el hecho de cocinar los alimentos, nos diferenció de nuestros antepasados: el vínculo de pareja entre el hombre y la mujer. Los chimpancés tienen una jerarquía bastante diferenciada para machos y hembras y pasan la mayor parte del día separados. Se juntan para aparearse y la hembra cuida posteriormente a las crías. El macho no protege a su mujer ni a su descendencia directamente, sino que defiende un territorio global que incluye a las hembras que lo habitan. No se fraguan relaciones individuales entre machos y hembras.

En algún punto de nuestra evolución, esta pauta cambió. Las pruebas arqueológicas sugieren que quizá fuera hace 1,7 millones de años. En la época del *Homo erectus*, la pelvis se estrechaba y los bebés nacían con un cerebro inmaduro, al que le faltaba mucho por crecer. Las madres necesitaron más ayuda para la crianza y cobró interés contar con la protección directa de un único hombre. Los machos se percataron de que era necesario atender a la madre y a los hijos si querían que sus descendientes sobrevivieran, lo que desembocó en una sociedad estructurada en torno a la monogamia. Así, la vida en pareja tiene una explicación meramente evolutiva: los hijos necesitan el cuidado de dos porque uno solo no puede.

4) *El poder de la comunicación es genético*

La comunicación es fascinante. En primer lugar aparecieron los sonidos, tal vez algunos dotados de significado. Luego surgió la música, más adelante el lenguaje, el discurso, y mucho más tarde, hace unos 3.000 años, la escritura.

Se ha estudiado mucho cómo se comunican otros animales, como, por ejemplo, los pájaros o los ratones, para obtener pistas sobre la evolución del lenguaje. Los trabajos con chimpancés son muy importantes. Ahora se está descubriendo que algunos gruñidos de los chimpancés tienen un significado. Es difícil saber si hablan entre sí, pero sí que distinguen lo que los otros chimpancés dicen, los ruidos que hacen. Si un chimpancé encuentra un tipo de comida que le gusta, emite un sonido para expresarlo. Otro chimpancé reconoce que se trata del sonido que significa: «He encontrado comida que me gusta», y utiliza esta información para buscar comida. Tal vez no sea puro lenguaje, pero son las bases del lenguaje. Por cierto, los chimpancés prefieren el pan a los plátanos. Los ratones, que también son mamíferos y con los que compartimos un ancestro común hace unos doscientos millones de años, se comunican muchísimo entre sí. No los oímos, porque emiten sonidos ultrasónicos, demasiado agudos para nuestro oído. Las madres y las crías de ratón, en particular, se comunican constantemente; si una cría de ratón se cae de la ratonera, emite un grito muy distintivo que la madre reconoce.

Como acabo de explicar, el gen llamado FOXP2 es crucial para ese tipo de comunicación. Si un ratón nace sin este gen, o si este gen no produce la proteína adecuada porque se ha destruido experimentalmente, no podrá comunicarse ni llamar la atención de la madre. Esto es fascinante, porque otros científicos han estudiado el mismo gen en los humanos. La gente que nace con una versión defectuosa del FOXP2 no puede hablar: tiene dificultades para controlar los movimientos de su boca y también para entender las estructuras gramaticales, ya que parece afectar a las regiones cerebrales encargadas del lenguaje. ¡He aquí un paralelismo realmente insospechado que delata más sobre la condición humana que el mejor tratado de filosofía!

Otro aspecto interesante es que los científicos pueden medir ahora la fuerza de la selección natural en la historia de un gen. Resulta que el FOXP2 ha cambiado mucho en los humanos a través de la selección natural. Y estos cambios sucedieron muy recientemente en la evolución humana, en los últimos 200.000 años. Puede parecer mucho tiempo, pero el cerebro de nuestros antepasados evolucionó de nuestros ancestros comunes con los chimpancés hace quizá 6 millones de años; así que fue hace 200.000 años cuando nuestra propia especie empezó realmente a diferenciarse. ¿Por qué? Es posible que los genes como el FOXP2 desempeñaran un papel importante para la comunicación básica, como la que se observa en ratones, y luego empezaran a evolucionar rápidamente para desarrollar el lenguaje sofisticado que articula las conversaciones de cada día.

Casi todo son hipótesis, pero cada vez logramos recabar más pistas. Lo que sí está claro es que, como decía el profesor emérito de ecología y biología evolutiva de la Universidad de Princeton, John Tyler Bonner, la diferencia entre los humanos y los animales es sólo una cuestión de grado. Cada vez encontramos más vínculos entre nuestra especie y otras especies. Y también más pruebas del poder de la selección natural en la historia de los genes. Por ejemplo, nuestro sentido del olfato: hemos perdido algunos genes necesarios para un buen sentido del olfato. Genes que permanecen intactos en otros primates y en mi perra, que, por suerte, conserva un olfato excelente. Todos sus genes olfativos siguen funcionando como hace miles de años.

5) *Lo importante no es el discurso sino descubrir lo que está cavilando la persona de enfrente*

Se aprende imitando a otras personas. A veces tomamos esto como una prueba de que la naturaleza humana no existe, de que no llevamos nada innato dentro de nosotros cuando nacemos. Que todo procede, en definitiva, de la cultura, de lo que nos enseñan. Ahora bien, ¿por qué somos tan buenos imitando a los demás? ¿Quién nos ha enseñado? El resto de los animales no imita tan bien como nosotros; incluso los monos —que, supuestamente, son muy buenos en esto— lo hacen fatal.

Para poder imitar, hacen falta muchas habilidades cognitivas que permitan leer la mente de otras personas y saber cuáles son los aspectos del comportamiento que se deben imitar y cuáles se deben ignorar. La capacidad de imitar demuestra que la mente no es una pizarra en blanco sobre la que basta escribir; la imitación es algo muy complicado.

Lo he pensado siempre: uno de los grandes saltos adelante en la historia de la humanidad fue el momento en el que una persona supo intuir lo que estaba cavilando la cabeza del otro. Sólo entonces podía ayudarlo o manipularlo.

Intuir lo que los demás pensaban fue clave para poder sobrevivir; de pequeño lo ignoraba y esta ignorancia la compartía con la inmensa mayoría de los adultos.

Una pista útil para la armonía de la convivencia consiste en no compartir esa ignorancia. Las palabras no son, fundamentalmente, un canal para explicitar las convicciones propias, sino el conducto para poder intuir lo que está pensando el otro. Cuando esto se descubre, sólo entonces surge la oportunidad de ayudarlo o influirlo. La mayoría de la gente, por desgracia, dedica mucho más tiempo a intentar explicar lo que piensan ellos, que a intuir lo que piensan los demás.

Fíjense en el comportamiento de los políticos de turno: «No hemos sabido explicar nuestro programa», «La gente no nos ha entendido», aducen como excusa de su fracaso. O lo que suele decir la comunidad científica: «Utilizamos un léxico incomprensible», «Nuestro vocabulario es demasiado riguroso», alegan como descargo del abismo entre ciencia y cultura.

Ni los unos ni los otros intentan seriamente conocer lo que de verdad piensa la gente. Los primeros lo hacen casi en secreto, por la vía de encuestas y a toro pasado; los segundos lo descubren a través de las enfermeras y comadronas que están en contacto directo con los pacientes. Ellas descubrieron el llamado efecto placebo cuando los médicos seguían negándolo. Las enfermeras —más acostumbradas a pensar en lo que los demás piensan que en difundir, como los médicos, lo que creen saber— se percataron de que en un número significativo de casos a los pacientes se les podía sustituir un calmante como la morfina por un líquido inocuo con efectos idénticos. Bastaba con que creyeran que se les estaba administrando un calmante. Muchos científicos atribuyen los efectos supuestamente positivos de la homeopatía al mismo efecto placebo.

El mundo puede cambiar de nuevo para bien si todos los esfuerzos y el dinero que se dedican ahora a convencer a los demás de las ideas propias se utilizaran para descubrir cuáles son las de la gente, cómo funciona su mente, qué estarán pensando.

El cansancio de la Tierra

Se dice que tenemos suerte porque vivimos en un universo amable, con unas condiciones muy favorables para la vida. De hecho, los científicos clásicos creían que éramos afortunados porque habitamos un planeta cuya distancia con respecto al Sol era la adecuada para crear las condiciones necesarias para la vida. Quizá hubo un tiempo —cuando apareció la vida en la Tierra— en que esto fue así. Sin embargo, a partir de ese momento, nuestro desarrollo no siguió las mismas pautas que nuestros planetas vecinos, como Marte o Venus, que se desertizaron de forma paulatina. En nuestro caso, en cierto modo, la vida misma fue la que se hizo cargo de todo, la que controló su propio desarrollo. Aquí, los sistemas inorgánico y vivo se desarrollaron al mismo tiempo. Y gracias a esta sinergia, el planeta ha sido un lugar acogedor para la vida a medida que ésta ha ido surgiendo.

En el pasado, cuando el mundo estaba habitado sólo por bacterias, el gas predominante en la atmósfera era el metano. Había poco oxígeno, y ése era un mundo en el cual no podíamos sobrevivir. Así fue durante casi mil millones de años. Pero las cosas cambiaron, la vida evolucionó y nos proporcionó una atmósfera con oxígeno. Eso lo sabe muy bien Giovanna Tinetti, una joven astrobióloga de la Universidad de Londres. Tinetti explica cómo la cantidad de oxígeno en la atmósfera terrestre ha ido evolucionando con el tiempo. Al principio, cuando se formó la vida en nuestro planeta no había oxígeno, pero con el paso del tiempo éste empezó a crearse y a aumentar por la presencia de unas bacterias capaces de crear materia a partir de la luz solar y de sales minerales: las cianobacterias. Ése fue un gran logro para la vida: unos pocos organismos fueron capaces de utilizar el oxígeno como un componente metabólico y no considerarlo un veneno. La presencia de oxígeno ayuda al desarrollo de organismos libres muy complejos, como los que tenemos hoy en día en la Tierra. Si miramos la evolución de la vida en nuestro planeta, veremos que, paralelamente, se produjo un aumento de oxígeno en la atmósfera terrestre, y en algún momento se estabilizó en el 21 por ciento, que es el nivel actual.

Precisamente, James Lovelock, el padre de la teoría de *Gaia*, se dio cuenta de que la vida recrea las condiciones necesarias para su subsistencia al observar esta capa muy delgada, llamada atmósfera, tan característica de nuestro planeta. Está formada por gases combustibles, como el metano, que se combinan con el oxígeno. Es una mezcla casi inflamable y si la composición fuese distinta, explotaría. Es muy frágil y, no obstante, perdura desde hace miles de millones de años. ¿Cómo es posible? Exige que algo en la Tierra regule la atmósfera y la mantenga constante. Y ese algo es la vida que late con el planeta, como si fuera un organismo, al que Lovelock ha llamado Gaia.

Gaia existe desde hace quizá 3.000 o 4.000 millones de años, pero se calcula que no le quedan más de 1.000 millones de años antes de morir. En la escala geológica, Gaia es una señora mayor. Sin embargo, antes de que llegue el momento de su muerte, existen distintas amenazas para Gaia que provienen de nosotros mismos.

Itinerario 2

El largo camino del aprendizaje humano

Los secretos del aprendizaje

Ya sabíamos que el alma está en el cerebro, pero ahora podemos contemplar todo el proceso molecular mediante el cual el pasado y el futuro convergen; de qué manera el alma germinal enraizada en la materia cerebral y la memoria fabrican nuevas percepciones sobre las que emerge el futuro. Es sencillo y aterrador a la vez.

Cada vez que un estímulo exterior reta a la mente, se dispara un proceso instantáneo y desenfrenado de búsqueda en los archivos de la memoria; se trata de situarlo en su debido contexto y hurgar en su verdadero sentido. La respuesta no se hace esperar y sólo existen dos opciones: el estímulo llegado del universo exterior deja a la mente indiferente o, por el contrario, desata una emoción impregnada de amor y curiosidad. Son los dos componentes básicos de la creatividad, de la capacidad de los humanos para hacer algo nuevo partiendo de su entramado biológico.

La ciencia está poniendo de manifiesto que, por lo menos al comienzo de cualquier proceso mental, sólo el pasado cuenta, incluso cuando se empieza a modelar el futuro. A partir de este momento se pone en marcha un proceso, aparentemente más afín a la alquimia que a la ciencia, gracias al estallido de la inteligencia social. La capacidad de imitación instrumentada por las llamadas neuronas espejo interactúa con el conocimiento acumulado de la propia especie, tal vez también de otras, y, en todos los casos, de un archivo bien pertrechado de recuerdos y huellas de emociones propias. Se trata de la explosión súbita del pensamiento nuevo.

De lo que distingue a una especie creativa de otras que no lo son tanto.

Además, hasta hace muy poco tiempo desconocíamos un mecanismo fundamental de este proceso del conocimiento nuevo: no había indicios que pudieran sugerir cómo una parte de la memoria a corto plazo podía transformarse en memoria a largo plazo. ¿Cuáles eran los componentes concretos y los mecanismos precisos gracias a los cuales se podía imprimir durabilidad a determinados recuerdos? Ahora sabemos que esta capacidad para aprender, para archivar en la memoria a largo plazo, está vinculada al funcionamiento de determinadas proteínas cerebrales activadas por prácticas de aprendizaje. Son los componentes precisos de esos mecanismos de durabilidad del recuerdo los que están en la base del aprendizaje en la etapa maternal primero, en la fase escolar después y en la vida del adulto, finalmente. Es cierto, las raíces están en el pasado, pero al pasado hay que fustigarlo desde el exterior para transformarlo en futuro y de ahí ha surgido el segundo gran descubrimiento del proceso molecular, seguido por la creatividad y la innovación. Hasta hace muy poco tiempo sólo teníamos la intuición expresada por algunos grandes científicos de que para acabar con los prejuicios que impedían los avances del conocimiento, era indispensable que desaparecieran, que se extinguieran las vidas de los portadores de aquellos prejuicios y conocimientos. Ahora sabemos por qué. La transferencia del conocimiento nuevo requiere materia cerebral, actividad mental, alma, pasado, memoria, pero, sobre todo, nuevas maneras de mirar las cosas y los temas antiguos. Cuando las nuevas generaciones fallan en ese cometido, resulta estéril la desaparición de las generaciones que las precedieron.

La autoestima y la curiosidad de los bebés

Hasta ahora no sabíamos nada de lo que les pasaba a los bebés por dentro. Resulta que una de las primeras cosas que hemos descubierto en la irrupción de la ciencia en los procesos emocionales es que casi todo se decide desde que el bebé está en el vientre de la madre y hasta que tiene cuatro o cinco años. Cuando digo casi todo quiero decir que se deciden dos cosas que hemos aprendido a identificar y que son fundamentales en la vida de cualquier persona. Una es un cierto sentimiento de seguridad en uno mismo que permite lidiar con el enemigo más atroz que tenemos los homínidos: el vecino, el otro homínido. No hay desafío mayor en la vida. Los grandes especialistas neurólogos de la inteligencia explican claramente que la inteligencia es un subproducto de la relación social. Lo que nos hace inteligentes es el contacto con los demás. Necesitamos una cierta autoestima para poder, en su día, irrumpir en el resto del mundo, el de los mayores.

La segunda cosa importantísima que hemos descubierto en los bebés es la curiosidad, que no hay que perder nunca. La curiosidad para lidiar adecuadamente en lo que todos estamos empeñados, aunque no lo queramos admitir, que es conseguir el amor del resto del mundo. Cuando eres pequeñín, la tía, la abuela, el padre, la madre, hasta la vecina, todos dicen que eres fantástico, que tienes unos ojos que se los comerían, que eres el más alto, el más inteligente... Pero cuando sales de casa, hay que demostrarlo. La gente no lo da por hecho, ni mucho menos. Y es esta negociación maternal, este afecto primario que se desarrolla hasta los cinco años, de que te puede dar la suficiente curiosidad para seguir profundizando en el conocimiento de las cosas y de las personas cuando irrumpes en el mundo de los mayores. Porque puede ocurrir, y ocurre todos los días, que llegues a este mundo con una cierta indiferencia. Puede ocurrir que lejos de serte indiferente, el mundo te provoque cierto rechazo, no quieras saber nada de lo que te rodea. O puede suceder, como pasa una vez por mil, lo que ocurre con los psicópatas, que llegues a este mundo de los mayores con ánimo de destruirlo en lugar de acariciarlo.

O sea, que uno de los descubrimientos esenciales en esta reflexión es la importancia de este entorno afectivo que perdura desde la concepción hasta, más o menos, los cinco años.

La psicoterapeuta Sue Gerhardt sabe bien que para que un ser humano sea independiente, debe haber sido primero un bebé dependiente. Gerhardt reconoce que el cuidado de los niños no es una ciencia exacta, que depende de cada niño, «lo importante es que el bebé no se estrese demasiado. Si no lo hace, sea cual sea la manera en la que sus padres le cuiden, le irá bien. Algo que creo que debo explicar es que los bebés no pueden gestionar un estrés excesivo. No pueden deshacerse de su propio cortisol. Como adultos, nosotros sí podemos, hemos descubierto maneras de gestionar el estrés. Llamamos a un amigo o nos vamos a tomar algo..., pero los bebés no. Y a ellos les resultan estresantes cosas relativamente pequeñas, como por ejemplo, estar lejos de su cuidador durante demasiado tiempo, ¡porque les va en ello la supervivencia! Un bebé no sabe si sobrevivirá o no: necesita a alguien que le cuide. Pero el problema es que si este proceso persiste durante demasiado tiempo, o se cronifica durante semanas o meses, puede tener efectos muy perjudiciales».

Gerhardt cree que es fundamental mantener contacto con los bebés. Asegura que «el tacto está resultando muy importante para el desarrollo. Así que hay que sostener en brazos al bebé, llevarlo a los sitios, tocarlo..., todo lo que genere placer, de hecho; porque las pruebas parecen demostrar que las sustancias bioquímicas relacionadas con el placer y con todo lo que genera placer realmente ayudan a que se desarrollen las funciones superiores del cerebro. Por tanto, mantener el contacto visual, sonreír, jugar y divertirse con el bebé... Tener en brazos al bebé, tocarlo, masajearlo..., todas estas cosas ayudan mucho, no solamente porque quizá formen parte de la gestión del estrés, sino también porque ayudan a la región orbitaria frontal del cerebro».

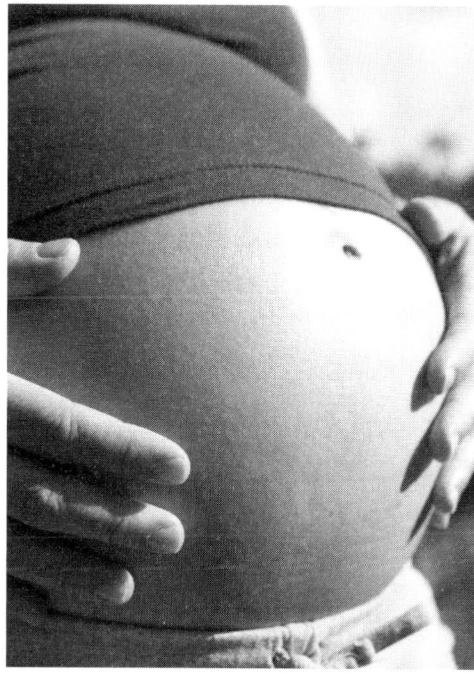

Casi todo se decide desde que el bebé está en el vientre de la madre hasta que tiene cuatro o cinco años.

Cada vez más investigaciones apuntan a los primeros años de vida como los más fundamentales. Gerhardt explica que «al empezar a investigar el cerebro, se ha descubierto que las partes cerebrales que se desarrollan en la primera infancia son muy importantes; en ese período se determina la respuesta al estrés, los niveles de cortisol, y hay una gran hiperactividad en la amígdala, que es el sistema de detección de amenazas. Y lo mismo sucede con otras partes prefrontales del cerebro que participan en la gestión de las emociones». Así, esta investigadora sugiere que «si queremos proteger a la sociedad de las consecuencias de este tipo de conductas hay que prestar más atención a la primera infancia».

La importancia de la enseñanza emocional

Muchos lectores me han pedido que desvele una parcela importantísima de lo que está ocurriendo con la educación de la infancia. La experimentación científica ha puesto de manifiesto que «a lo largo de la vida resultan esenciales una mayor autoestima, una mejor capacidad para gestionar las emociones perturbadoras, una mayor sensibilidad frente a las emociones de los demás y una mejor habilidad interpersonal; pero los cimientos de todas estas aptitudes se construyen en la infancia». Son palabras de Daniel Goleman y Linda Lantieri, expertos en lo que ahora denominamos educación social y emocional. Otra manera de decir lo mismo es la llamada de algunos organismos internacionales para invertir recursos y esfuerzos en las técnicas del aprendizaje social y emocional: «Es el mejor atajo para que disminuya la violencia en las sociedades modernas».

Hoy en día, se advierte la ausencia escalofriante de libros o asignaturas científicas dedicada al aprendizaje social y emocional y por eso Lantieri trabaja en ello desde hace tiempo y sugiere unos ejercicios prácticos que ayudan a desarrollar la capacidad de atención y de concentración de niños y adolescentes. Esta profesora apunta que para desarrollar la inteligencia emocional hay que tomar conciencia de uno mismo, aprender a controlar las emociones, la relación con los demás y la capacidad de tomar buenas decisiones. Ella trabaja para ayudar a los niños a entrenar voluntariamente la mente, ya sea mediante algo como la meditación, o bien a través de lo que denominamos «el rincón de la paz» en las aulas, un sitio al que los niños van para estar en calma, apaciguar la mente y empezar a centrar la atención. Lantieri sabe que nuestro cerebro tiene mucha plasticidad y que nuestras experiencias lo moldean, por eso es tan importante el aprendizaje emocional.

Más investigaciones sobre inteligencia emocional

El psicólogo Mark Greenberg también dedica sus investigaciones a comprobar la efectividad de las actividades escolares para mejorar las habilidades sociales, emocionales y cognitivas de los estudiantes de primaria y secundaria. Ha demostrado, mediante estudios realizados durante treinta años en Estados Unidos, Suiza, Países Bajos y otros lugares que, cuando se les enseña a los niños habilidades para calmarse, se les explica cómo identificar sus sentimientos y cómo hablar adecuadamente sobre ellos, mejoran de un modo natural sus habilidades para relacionarse con los demás y también mejoran sus habilidades académicas.

Greenberg dice que «el cerebro no es más que uno, no hay un cerebro emocional y un cerebro cognitivo, y cuando la capacidad de prestar atención, calmarse y hablar eficazmente de los sentimientos se combina en el desarrollo de un niño, todo funciona mejor». Este psicólogo no olvida que una parte fundamental de la educación corre a cargo de los maestros y se queja de que hasta hace muy poco lo que hacíamos con los profesores era presionarlos, muchas veces, para que se centraran únicamente en lo académico, solamente en la lectura, las matemáticas y las ciencias. Y en eso se habían convertido: en profesores de lectura, de matemáticas y de ciencias. Pero no hay que olvidar que la mayoría de las personas que eligieron la profesión de maestros fue porque querían llevarse bien con los niños. Les gustan los niños y quieren pasar tiempo con ellos, educarlos, prepararlos para la vida. Y conforme se lo vamos permitiendo y les brindamos más habilidades para hacerlo, descubren que disfrutan mucho más enseñando.

Y es que todo lo que aprendemos durante los primeros años de nuestra vida es fundamental. Como nos recuerda el neurocientífico Takao Hensch hay muchos países asiáticos donde tienen un proverbio muy sabio: «El espíritu de cuando tenemos tres años vive con nosotros hasta que cumplimos los cien».

Richard Davidson, neuropsicólogo de la Universidad de Wisconsin-Madison, ha trabajado durante muchos años analizando tipos de intervenciones que se pueden diseñar, por ejemplo, para aumentar la cooperación, la compasión y el altruismo en los niños. En una entrevista en 2009 me contó que basándose en lo que sabemos sobre el cerebro, estas intervenciones tienen un impacto mucho más duradero si se producen antes de la adolescencia. «Sabemos, por ejemplo, que una de las partes más críticas del cerebro a la hora de controlar las emociones es la corteza prefrontal, una región situada en la parte de delante del cerebro. Y sigue desarrollándose hasta un poco después de la adolescencia, hasta los veinte años, aproximadamente. De manera que las intervenciones que se produzcan antes de eso serán más útiles. Además, es muy probable que haya una gran transición entre los cinco y los siete años de edad en los humanos. Hay muchos motivos para creer, también, que las intervenciones que se hagan antes de esa transición serán especialmente eficaces a la hora de sentar las bases con habilidades que, si persisten, permitirán otras habilidades que se asienten en ellas. Es como una especie de andamiaje.» Davidson ha descubierto que con sólo dos semanas de entrenamiento del cerebro con técnicas de meditación, practicando 30 minutos al día, se pueden detectar cambios en la actitud altruista o la compasión de jóvenes y adultos.

No todos los niños son iguales

Curtis W. Johnson, presidente de Cititates Group y socio director de Education Evolving, es otro gran experto en educación que destaca la necesidad de cambiar el modelo educativo dominante en la mayoría de los países. Johnson me contó que uno de los grandes errores de este sistema educativo imperante es que «tratamos a los niños como si fueran iguales. Los educamos igual a todos, les presentamos el material del mismo modo, y esperamos que todos aprendan las mismas cosas de la misma manera, durante el mismo día y al mismo tiempo. Esta postura no es realista, puesto que no contempla lo diferentes que son los niños en muchísimas cosas, por ejemplo en el estilo de aprendizaje, pero también en el ritmo de adquisición de los conocimientos.» Johnson reivindica, además, la necesidad de enseñar nuevas competencias y habilidades para que los niños y las niñas de hoy en día dominen estas técnicas para conseguir trabajo en el mundo actual. «La mayoría de los niños, igual que la mayoría de los jóvenes, deberán adquirir destrezas que las generaciones anteriores no tenían. Me refiero a que no solamente tendrán que aprender asignaturas básicas, sino que deberán saber cómo encontrar las cosas que necesitan saber, y luego tendrán que aprender a trabajar tal como trabaja el mundo hoy, que es principalmente en equipo [...] deberán practicar el arte de la colaboración, que me parece que es el reto de colaborar con desconocidos. A todos nos encanta la idea de colaborar con nuestros amigos, y lo hacemos de muchas maneras todo el rato, pero el mundo laboral nos fuerza a llevarnos bien productivamente y crear algo de valor con gente que quizá ni siquiera nos gusta, lo cual requiere un tipo completamente distinto de educación.»

Sugerencias para las escuelas

Pero aquí, en el campo de la educación, las cosas todavía no son idílicas, así que analicemos qué es lo que echamos en falta o lo que echan en falta los niños al ir a la escuela.

Lo primero es saber lo que les pasa por dentro; comprender cómo la inseguridad y el miedo influyen en su comportamiento; y desarrollar un vocabulario emocional sólido con el que puedan comunicarse con el resto. En segundo lugar, identificar los sentimientos de los demás para aprender a ponerse en su lugar, ya que el desarrollo de la empatía permite construir una sociedad cohesiva.

En tercer lugar echan de menos aprender a gestionar las emociones básicas y universales. Son intangibles, pero son el único activo con el que se viene al mundo.

En cuarto lugar, diseñar, ejecutar y evaluar soluciones responsables a los problemas, y no adoptar posicionamientos dogmáticos, que no se han podido o querido comprobar.

Y finalmente, tienen que enseñarles a resolver conflictos y mantener relaciones sosegadas con los demás. Rechazar aquellas decisiones que impliquen violencia o agresión.

Distintas pruebas científicas demuestran que los niños educados con prácticas afines a estos criterios son más felices, confían más en sí mismos y son más competentes social y emocionalmente. Además, resulta que una buena educación social y emocional también mejoraría nuestros maltrechos resultados académicos.

¿A qué estamos esperando, pues, para impartir aquellos rudimentos científicos que ilustren sobre la naturaleza y la gestión de las emociones básicas y universales, en lugar de los valores, ya sean de derechas o de izquierdas? Antes de atisbar la vida eterna o los valores de la democracia —todo llegará—, la infancia necesita calibrar el impacto insospechado del desprecio, controlar la ira o comprender los mecanismos para ponerse en el lugar del otro.

La crisis educativa

Sin lugar a dudas, el mejor ejercicio para ahondar en la reflexión de la crisis educativa consiste en eliminar, primero, las supuestas causas de la crisis a las que se ha referido todo el mundo sin razón. Situar luego el paradigma aceptado de la modernidad educativa —sencillamente, ¿se trata de un sistema innovador o es, por el contrario, un esquema resultante de los vicios y la violencia del pasado?—. Detallar, después, los contenidos del modelo de reforma elegido y las consiguientes nuevas aptitudes o aprendizajes sugeridos.

Sobre las causas que no son reales de la crisis educativa se ha mencionado frecuentemente la actitud desconsiderada o indiferente de los padres, la versatilidad y violencia de los alumnos, la indiferencia de los maestros a la hora de insistir en la necesaria personalización de la educación, la actitud de los sindicatos, más orientada a lograr horarios anclados en el pasado y mejora de sueldos que a incrementar el impacto positivo de los cambios educativos. Por último, sin ánimo de invalidar las críticas acertadas de los sistemas de evaluación en las escuelas —que han dejado de reflejar lo que realmente ocurre—, tampoco es cierto que a estas evaluaciones se deba el grueso o una parte de la crisis que inunda al sistema educativo.

No son, desde luego, las razones citadas las causantes reales de la crisis. Afortunadamente, contamos con un consenso universal sobre la naturaleza de las dos causas principales de esa hecatombe, así como sobre la reflexión indiscutible que debe preceder a toda reforma de cualquier sistema. ¿Cuáles son las dos causas consensuadas universalmente?

La sociedad no se ha propuesto todavía, a nivel familiar, educativo y mucho menos institucional, aprender a gestionar la diversidad característica del mundo globalizado. Es menos urgente destilar contenidos académicos en la población que preparar buenos ciudadanos. Para ello es preciso admitir que las causas reales de la crisis no son las que se creen: el comportamiento de los mayores, los educandos, los alumnos, los sindicatos o los sistemas de evaluación de los procesos desarrollados.

El segundo consenso a nivel universal, no menos decisivo que el anterior, consiste en lograr que en el ánimo de los individuos de este mundo dispar y culturalmente descentrado se pueda gestionar lo que todos tienen en común: las emociones básicas y universales, negativas unas como la envidia, el rencor, el desprecio o el miedo, y positivas otras como la felicidad, la sorpresa o la alegría.

Una vez asimilados los dos consensos que debieran presidir cualquier reforma del sistema educativo, queda por iniciar el diagnóstico de lo que se pretende reformar planteando la siguiente pregunta: ¿El sistema educativo, el tipo de gobierno, el mecanismo de ayudas sociales es o no es innovador? ¿O es que, lejos de serlo, está anclado en el pasado obtuso y violento? Ésa es la verdadera pregunta, que tiene, por supuesto, una respuesta a la luz de los dos consensos mencionados.

El primer objetivo de la educación

Cuando daba clases, cada vez que cerraba la puerta del aula al terminar la lección, me preguntaba si acababa de explicar lo que yo sabía, o lo que de verdad les interesaba a los alumnos para desarrollar sus cualidades innatas y los contenidos necesarios para que un día pudieran aplicarlos en su futuro trabajo. En general: ¿estamos seguros de que prevalecen los intereses de la persona que se educa, por encima de los intereses del maestro o del sistema educativo?

Una cosa es enseñar a la gente a gestionar la información y otra muy distinta instaurar los pilares fundamentales, a nivel emocional, que les permitan aprovecharla positivamente. El neurocientífico Antonio Damasio, profesor en la Universidad del Sur de California, premio Príncipe de Asturias y autor entre otros de *Y el cerebro creó al hombre* (Destino, 2010), ha resumido mejor que nadie este dilema: «El objetivo de una buena educación es organizar nuestras emociones de tal modo que podamos cultivar las mejores y eliminar las peores; porque como seres humanos tenemos ambos tipos. Muchas de las reacciones que consideramos patológicas en nuestra sociedad tienen que ver con las emociones, principalmente con las emociones sociales». Es una cita extraída de una conferencia que hace unos años pronunció en Madrid.

Ambos constatamos que navegamos ahora por un terreno algo menos desértico que hace diez años: «El problema con que nos enfrentamos ahora, Eduardo —me repetía Antonio Damasio—, es trasladar nuestro conocimiento científico al público en general y también a la formulación de políticas. Es imprescindible que los líderes políticos y educativos lleguen a entender lo importantes que son los conocimientos sobre las emociones y el sentimiento».

En contra de lo que cree la mayoría de la gente, la mejor manera de contrarrestar una emoción negativa en concreto no es un predicamento lógico y razonable, sino otra emoción muy fuerte, pero de carácter positivo. Las emociones están al comienzo y al final de todos los proyectos y de todos los mecanismos de decisión. Eso lo hemos ignorado durante miles de años, hasta que la neurociencia lo ha demostrado.

Por si fuera poco, ahora hemos descubierto también que el papel de las emociones no rige solamente para los grandes colectivos, sino para grupos menos grandes e incluso para asociaciones minoritarias.

Cuando se alteran los sistemas de incentivos referidos a grupos muy pequeños, incluso minúsculos, basados en alguna característica marcadamente trivial —como llevar una camiseta roja o no—, surgen sentimientos poderosos de cohesión y xenofobia. Eso ocurre, sorprendentemente, cuando los grupos se definen por algo tan irrelevante como la ropa que llevan.

Es cierto que hace diez años no se sabía casi nada de las emociones y de su gestión. Eso explica los errores monumentales que se cometieron en las políticas del comportamiento individual y colectivo. Los primeros científicos que empezaron a alertar sobre esos déficits no podían medir ni demostrar lo que estaban apuntando. Sería imperdonable que hoy, pudiendo hacerlo, no se actuara de modo distinto, sobre todo, en el campo educativo. ¿Alguien cree, de verdad, que los niños sabrán convivir de mayores sin que nadie les haya mencionado nunca en qué consiste saber ponerse en el lugar del otro, o advertido de que su salud se degradará a raíz de situaciones repetidas de un estrés generado por miedos imaginados?

¿Premiar es mejor que castigar?

Cuando un bebé, un niño o un adolescente hace una barrabasada, se plantean varios problemas: primero, contener el enfado que produce —o debiera producir— un ser malcriado en los demás. Me refiero a los gritos o a haber derramado la papilla sobre la falda de la vecina o a haber tirado del mantel de la mesa, con los efectos nefastos que pueden imaginarse. Contenerse no es lo más trascendental, pero es lo primero que importa si se quiere abordar el siguiente paso: ignorar la mala conducta del bebé, del niño o del joven o, por el contrario, castigarla.

En diversos experimentos efectuados hemos descubierto que la solución es distinta en el caso de los niños que en el de los jóvenes o adolescentes. Aunque cueste creerlo, resulta que los primeros reaccionan mejor ante las recompensas que ante las medidas disciplinarias. ¡Atención, mamás y papás y, sobre todo, abuelos! Es mejor ignorar las maldades de los niños y bebés para centrarse en recompensarlos cuando hacen las cosas bien.

La situación es totalmente distinta cuando se trata de adolescentes. Tanto ante sus canalladas como ante las faltas leves, es más eficaz aplicar una medida disciplinaria cuando se equivocan. ¿Cómo es posible esta diferencia en los mecanismos cerebrales marcada, simplemente, por la edad? La verdad es que no lo sabemos todavía. No conocemos en detalle los cambios que se han producido en los circuitos cerebrales del niño que llega a la pubertad. Pero tenemos otro tipo de explicación que puede dejarnos menos desconcertados. No hace mucho tiempo que hemos descubierto que suministrar disciplina supone una cierta dosis de inteligencia. Reaccionar irasciblemente sin otro propósito que dar rienda suelta al enfado no exige gran cosa. Tomar nota, en cambio, de la agresión y maquinar una respuesta posterior que suponga una lección para que el delincuente expíe su pecado o mejore su talante es algo muy distinto que exige grandes dosis de inteligencia.

Estamos hablando de niveles de inteligencia que, tal vez, se den únicamente en los adolescentes y todavía no en los niños. Parecería lógico que si nos adentramos en los dominios de la inteligencia cognitiva, los mayores sean algo más sofisticados que los adolescentes y éstos, que los niños.

Existen otras maneras más simples de explicar las diferencias en la eficacia de la recompensa y el castigo según las edades. Es mucho más complicado cambiar de proceder a raíz de haberse equivocado que repetir, simplemente, las decisiones acertadas cuando se te dice que lo has hecho muy bien y te recompensan por ello. Aprender de los propios errores es mucho más engorroso y difícil que repetir una decisión por la que te recompensan. Siempre estamos dispuestos a admitir que deberíamos aprender de nuestros propios errores, pero difícilmente estamos dispuestos a admitir que nos hemos equivocado.

Algunos errores muy frecuentes

El psicólogo Jay Belsky, de la Universidad de Londres, nos da también otras claves sobre algunos aspectos importantes de la educación. Belsky dice que en esta época que vivimos, en la que parece que muchos padres están ocupados trabajando, a menudo cuando regresan a casa tienen un sentimiento de culpabilidad por no haber estado allí con sus hijos. Sea cierto o no, la forma para acabar con esta culpa es intentar ser amigos de sus hijos. El problema es que esta tendencia puede acabar anulando al padre responsable, el que tiene que decir que no, el que tiene que negar privilegios, el que tiene que castigar, el que tiene que poner normas, el que tiene que hacer que el niño se sienta responsable de sus actos.

Por una parte, estos padres intentan ser el adulto responsable pero, por otra, pretenden ser el amigo, el compañero. Son dos posturas difíciles de conciliar y al niño puede resultarle difícil de entender. Belsky cree que no debemos querer ser amigos de nuestros hijos porque, en realidad, tenemos toda la vida para hacerlo y serlo, cuando sean jóvenes adultos y después.

Lo que parece claro, más allá de castigos y atenciones, es que cuando los niños han experimentado una paternidad sensible, cálida, cognitiva, estimulante y no entrometida, muestran un funcionamiento cognitivo, unos resultados académicos y una adaptación social mayores.

Otro aspecto importante en la educación de los más pequeños, según Belsky, es el tiempo que pasan en manos de cuidadores o guarderías. Según las investigaciones que ha realizado este psicólogo, cuando un niño empieza a pasar muchas horas en este tipo de ambiente, sobre todo cuando se trata de guarderías y especialmente en sus primeros años de vida, se vuelve más agresivo y desobediente cuando se hace mayor. Pero Belsky no pretende demonizar las guarderías ni mucho menos; de hecho, sus investigaciones también demuestran aspectos positivos como que unos cuidados infantiles de calidad fomentan el desarrollo cognitivo y lingüístico del niño si son dispensados por un personal sensible y atento que logre conocer muy bien a nuestros hijos y que desarrolle una relación con ellos. En su opinión, lo mejor es utilizar estos servicios después de los primeros cuatro o cinco años de vida.

A mí lo que me sigue maravillando de todo esto es que hasta hace muy poco no sabíamos nada de lo que nos estaba pasando a nosotros por dentro, y mucho menos a nuestros hijos y nietos. Ya era hora de que las mujeres y los hombres de la calle recibieran pautas sobre temas que para ellos y para la sociedad son trascendentales. La única excusa que tenían los que debían habernos dado esas pautas es que ellos tampoco lo sabían, aunque creían saberlo.

Por qué no admitimos los errores

Gran parte de las decisiones que tomamos todos los días son el resultado de haber querido justificarnos a nosotros mismos como sea; lo que no quiere decir que mintamos o que tratemos de excusarnos. Se nos repite desde pequeños que tendríamos que aprender de nuestros errores, pero ¿cómo vamos a aprender de nuestras equivocaciones si no admitimos nunca, o rara vez, que nos hemos equivocado?

Las víctimas del triste accidente del vuelo JK 5022 que se estrelló en Barajas el 20 de agosto de 2008 y que conmocionó al país como pocos lo habían hecho antes (los políticos no deberían olvidarlo), nos agradecerían que aprovecháramos los errores cometidos en ese caso, si los hubo, para aprender de cara al futuro y disminuir así el peso del sufrimiento potencial o ya infligido.

Entre las mentiras conscientes para engañar a otros y los intentos inconscientes de justificarse a uno mismo ante los demás, hay un terreno movedizo en el que se fabrica nuestra propia memoria en la que no puede confiarse ciegamente. Los psicólogos Carol Tavris y Elliott Aronson se han adentrado mejor que nadie en ese mar de dudas y vaivenes con su idea de las disonancias que define todo aquello que no coincide exactamente con la idea que tenemos de las cosas, en función, obviamente, de nuestros propios intereses.

Expertos y equivocaciones

En un experimento famoso realizado hace años se demostró que gente común, nada extraordinaria, podía acabar cometiendo crímenes abyectos, mediante una cadena de conductas basadas en la justificación de sus propios actos, las dudas y el temor a represalias físicas o morales de los jefes o de la opinión pública. En realidad, del experimento se deducía que hasta un 60 por ciento de los puestos a prueba acababan cometiendo delitos inconfesables, como torturar a una víctima o hasta asesinarla.

Cuando sucedió el terrible accidente de Barajas, a los que conocíamos estos y otros experimentos se nos reflejó en el rostro, no sólo la huella del dolor de los familiares de las víctimas, como al resto de los españoles, sino también la expresión añadida de asombro ante la prepotencia de las afirmaciones de unos y otros. Ninguna de las declaraciones de aquellos supuestamente implicados, indirecta o directamente, en el accidente, tomó en consideración el resultado de los experimentos de Carol Tavris y Elliott Aronson.

Cuando los supuestos expertos se equivocan —esto también puede ocurrir en estamentos muy profesionalizados—, se sienten amenazados en su propia identidad y en el reconocimiento por los demás de la valía de esta identidad.

El psicólogo social Leon Festinger explicó hace más de cincuenta años que la disonancia es lo que sentimos cuando dos actitudes, o una creencia y una conducta, entran en conflicto. Por ejemplo, cuando uno fuma aunque sabe que puede matarle; o cuando uno hace una predicción fatalista y luego se da cuenta de que no ha pasado nada.

Esta teoría de la disonancia anticipa muy bien que cuanto más confiados y famosos son los expertos —en el caso del accidente de Barajas los había que pertenecían a empresas sobradamente conocidas y al propio Estado—, menos probabilidades existen de que admitan errores en su conducta. Festinger hizo una investigación al respecto que le llevó a infiltrarse en un pequeño grupo de creyentes, justo en el día que según ellos tenía que llegar el Juicio Final, para intentar descubrir qué hacían cuando se percataban de que sus predicciones fatalistas estaban equivocadas. Pues descubrió que los que más convencidos estaban sobre la hora del Juicio Final, aquellos que vendieron sus casas e hicieron una declaración pública afirmando que el fin estaba cerca, no perdieron la fe en Dios cuando vieron que no pasaba nada, más bien al contrario: su fe se vio reforzada. Resulta que dijeron: «Gracias a nuestra devoción y a nuestra fe en Dios, ¡Dios ha perdonado al planeta!».

Desde la teoría de Festinger, más de tres mil experimentos de psicología cognitiva y social han confirmado el mecanismo de disonancia cognitiva e incluso lo han localizado en el cerebro. Los seres humanos están predispuestos a prestar atención a la información que confirma sus creencias y a ignorar y minimizar la información que refuta lo que creen: nuestras mentes están diseñadas para la consonancia.

Como saben mis lectores, he reflexionado durante muchos años sobre la gestión de las emociones como la felicidad o el amor. Allí suele ocurrir lo mismo. Las parejas en el umbral de la ruptura, en lugar de intentar solucionar los problemas, prefieren proferir insultos e inventar agravios en el proceso alambicado de reconstruir su memoria para justificar su desamor.

De lo que antecede se puede deducir una sugerencia modesta, pero muy sentida, a los responsables objetivos y personalmente implicados en las operaciones que condujeron a la tragedia de Barajas. Acepten —por favor— el resultado de lo que la ciencia está mostrando en este campo: cuanto más famosos y confiados son los expertos a título personal o institucional, menos posibilidades existen de que admitan errores en su conducta. ¡Escúchenlos!, pero recurran a instancias independientes a la hora de tomar decisiones.

La sabiduría milenaria de las tribus

En la ciudad de Albany, la capital del Estado de Nueva York, en Estados Unidos, tuve la oportunidad de conversar con representantes de las tribus indias que los españoles llamaron navajos y lakotas.

Las intervenciones de estos últimos fueron las que más me interesaron. Me quedé fascinado al descubrir de boca de Águila Brava —Wanbli Oitika es su nombre original— y de elegante Gallo de la Pradera —Cio, para los miembros de su tribu— que sus tradiciones milenarias habían anticipado varios de los descubrimientos científicos más recientes. En la tradición de la tribu de Águila Brava —marcada por la gestión matriarcal— se evitaba cualquier conflicto de la pareja con la madre política considerando, simplemente, que el hombre de la casa no superaba nunca los doce años de edad, con lo que la ignorancia y el ninguneo del yerno por parte de la suegra —que nunca aceptaba que el marido de su hija superara a esta última en dones— quedaban plenamente justificados.

Ahora bien, la sorpresa viene de haber comprobado hace muy poco tiempo que la especie humana es la única conocida en la que el macho conserva a lo largo de toda su vida un nivel de infantilismo mucho mayor que el de la hembra. Los machos nunca dejan del todo la niñez, como muestran su comportamiento, sus juegos y sus pasatiempos, mientras que las hembras se olvidan fácilmente de la infancia.

¿Cómo es posible que la cultura heredada de los navajos y los lakotas hubiera asimilado en sus conductas familiares lo que la ciencia acaba de comprobar ahora? Es decir, que los varones se comportan como si tuvieran doce años toda la vida. ¿Cómo supieron cimentar siglos atrás su derecho matrimonial sobre un hecho que la ciencia acaba de perfilar ahora por boca de científicos como Desmond Morris?

Hay más, hay mucho más. No me podía creer lo que estaba escuchando cuando Águila Brava nos explicaba al grupo de curiosos que charlábamos con él la importancia que concedían sus antepasados a los niños recién llegados al mundo: «Tanto es así —prosiguió Wanbli Oitika— que las costumbres indias disuadían enérgicamente a los miembros de la tribu de que el bebé tuviera otro hermanito antes de transcurridos seis años». Lo que se quería evitar es que el primero viera limitado el acceso a los escasos recursos disponibles por la llegada demasiado precipitada de un segundo hermano. A los indios navajos ni siquiera se les pasaba por la cabeza el tan manoseado argumento de que todo el mundo necesita un hermanito para socializar y cuanto antes, mejor.

Lo fascinante de esta tradición legendaria es que una minuciosa y larga investigación efectuada por científicos británicos ha comprobado que, efectivamente, cuando al primer hijo lo premian los padres con un hermano antes de que haya transcurrido un tiempo razonable desde su nacimiento, el primero se comporta peor que el promedio cuando llega a la pubertad. Los recursos son limitados y el acceso de alguien más al afecto y al consumo

Los navajos y los lakotas creen que los varones —al contrario que las hembras— se comportan como si tuvieran doce años toda la vida.

puede ser considerado como una competencia desleal o injustificada. El recién llegado cuestiona la supervivencia del que ya estaba, en lugar de facilitar su sociabilidad. Los indios de las tribus de los navajos y los lakotas lo sabían antes de que se lo demostraran los científicos.

El poder de las imágenes

Hay muy pocas posibilidades de que alguien a quien se le piden cien euros para combatir el hambre y la enfermedad en Ghana acceda a desprenderse de su dinero. Pero si circula en su coche por una autopista y ve en la cuneta un cuerpo ensangrentado, le parecerá normal detenerse, transportar al herido a un hospital y pagar los cien euros que costará, como mínimo, la limpieza de su vehículo.

Poner imágenes a un concepto abstracto en el cerebro surte un efecto inmediato. No visualizamos fácilmente el hambre en abstracto en Ghana, pero, en cambio, la imagen de alguien herido en la carretera activa reacciones de solidaridad inmediatas.

En los laboratorios estamos comprobando el impacto, hasta ahora desconocido, de las imágenes en los procesos cognitivos. Las últimas investigaciones aclaran que la imagen cuenta como instrumento de permanencia o duración de la memoria. Sin imagen es difícil que algo se asiente en la memoria a largo plazo. Y sin memoria a largo plazo no se produce la reacción querida: un sentido determinado del voto.

Los políticos acaban de descubrirlo. El vídeo que hizo Al Gore sobre el cambio climático tuvo una repercusión insospechada en la opinión pública. Y ahora, en España, tanto el Partido Popular como el Partido Socialista están recurriendo a cortometrajes que respalden con imágenes sus propuestas electorales. Sus asesores los han convencido, por fin, de que una propuesta casual se transforma en algo perdurable en la mente del votante si existe un apoyo audiovisual.

Llevo muchos años sugiriendo lo mismo a mis amigos empresarios cada vez que me piden ayuda para organizar un ciclo de conferencias científicas. «No lo hagáis —les repito— sin preceder o concluir la perorata de un busto parlante con un vídeo explicativo.» Hasta hace poco, lo único que parecía importarles era que algún medio escrito publicase una noticia relativa a la conferencia, sin percatarse de que esa nota aislada no hacía mella en la memoria a largo plazo.

Igual ocurre con la educación de los hijos o incluso con el amor. Para que un código social, como el dar las gracias por algo recibido, se instale en el proceso cognitivo del niño, se requiere repetir una y otra vez el consabido mensaje: «Gracias, abuelo»,

«Gracias, papá». Con suerte, puede que arraigue. Igual ocurre con el amor. Se equivoca quien crea que su amor puede sobrevivir sin los pequeños detalles que lo sustentan a diario.

En los distintos ejemplos citados hasta ahora, la decisión tomada no responde a un nexo de causalidad real —la imagen no convierte la noticia en algo más verdadero ni la frecuencia de las señales amorosas dan cuenta de una realidad distinta—. De hecho, no tiene nada que ver una cosa con otra. Es nuestra manera peregrina de tomar decisiones. El cerebro atribuye una relación de causa-efecto a hechos que no tienen nada que ver con el resultado.

Otras veces, las decisiones se toman en función de enunciados baladíes. Se trata del poder del marco de presentación, lo que los anglosajones llaman *framing effect*. Está comprobado que se compra más fácilmente una medicina cuando el prospecto reza: «Sin efectos secundarios en un 80 por ciento de los casos», que cuando el mismo prospecto dice lo mismo de otra manera: «En un 20 por ciento de los casos se han registrado efectos secundarios». Existen otros muchos ejemplos de decisiones que tomamos simulando relaciones de causa-efecto que son sólo aparentes, por lo que no deberíamos tomárnoslas demasiado en serio, ni las que toman los demás ni nosotros mismos.

Aprender para vivir en paz

La mayoría de los casos de estados anímicos perturbados tienen una solución previsible. Sólo unos pocos muestran consecuencias intratables. La gran ventaja de estos últimos, en cambio, consiste en que, mientras que casi nadie se ocupa de lo que le ocurre a la gran mayoría, todo el aparato sanitario, mediático e institucional intenta ocuparse de los casos insólitos. Las soluciones para las enfermedades que afectan a muchos —como la pérdida de memoria, la ansiedad, la falta de concentración, las interpretaciones lesivas e injustificadas de las pesadillas, la ausencia de objetivos que paralizan voluntades o la pérdida de empatía— son increíblemente simples y, además, están fundamentadas científicamente.

El cerebro no perdona que no se quiera aprender nada nuevo, por sencillo que sea, sin algún tipo de ejercicio, aunque sólo sea físico. Sin esto no se puede progresar. Así, se ha podido demostrar la ventaja de practicar ejercicios mentales como la música, que agudizan capacidades no sólo vinculadas a este campo, sino a otros como los idiomas o una mayor empatía. Estar bien cuesta mucho menos de lo que uno se imagina, pero hay que proponérselo. No sabíamos, por ejemplo, que sencillos ejercicios aeróbicos repercuten favorablemente sobre los estados de ansiedad porque aumentan el número de neuronas y el número de veces que se comunican entre ellas. «¿Quieres decir, Eduardo, que si practico en grupo movimientos simples como los de levantar los brazos con las manos abiertas disminuirán mis niveles de ansiedad?» Quiero decir exactamente esto.

En la base de lo que antecede resplandece un descubrimiento que sólo hemos sabido apreciar en todo su esplendor recientemente. Hace falta aprender para vivir en paz. Sin aprendizaje, disminuyen determinadas áreas cerebrales, como el hipocampo; se pierde la capacidad de explorar nuevas soluciones; se empequeñece el cuerpo social hasta arrugarse y perder su potencial de crecimiento.

Lo que distingue al progreso del conocimiento humano del resto de los animales es el llamado efecto trinquete o acumulado; es decir, sencillamente, no se pierde lo adquirido, sino que desde allí se catapulta la innovación. No hay marcha atrás. Mientras tanto, el inteligente pulpo puede aprender a abrir una lata de sardinas, pero olvida el mecanismo casi tan rápidamente como lo asimiló. Hemos descubierto el impacto decisivo de la educación y el aprendizaje; el paisaje devastador que provoca el ensimismamiento sobre uno mismo y la inacción. No es sabio el que medita aislado del mundo, sino el que interacciona con él. Para ello puede ser necesario recuperar la capacidad para concentrar la atención meditando, pero con la finalidad de abordar luego objetivos colectivos como la gestión emocional, la solución de conflictos y la integración social. Uno solo no va a ninguna parte.

El conocimiento indispensable de los niños

Ahora sabemos que en el mundo globalizado en el que vivimos, los niños, tanto como las empresas y los gobiernos, necesitan completar cuatro deberes para sobrevivir. ¿Cuáles son estos cuatro deberes que ellos ya están aprendiendo en las escuelas y que, sin embargo, ni los políticos ni las empresas se paran a imitar?

Focalizar la atención para aprender a concentrarse es el primero de ellos. La diversidad de pantallas y soportes distintos, como los móviles, las consolas, Internet y las redes sociales, nos ha enseñado a lidiar con múltiples retos al mismo tiempo.

La naturaleza especial de la materia que une los dos hemisferios cerebrales en el sexo femenino había hecho de la mujer una ganadora indiscutible en este objetivo de atender distintas tareas a la vez. Los demás, incluidos los niños, hemos tenido que estudiar las técnicas conocidas para focalizar la atención. Está muy bien ser capaz de abordar, a la vez, los distintos procesos que cristalizan en pantallas o soportes separados; siempre y cuando, claro está, no perdamos la capacidad de concentrar nuestra atención en un problema concreto cuando esto haga falta.

Para ello es importante llevar a cabo cierto entrenamiento mental, como aconseja Matthieu Ricard, biólogo y monje budista, que se pregunta por qué no nos importa dedicar años a nuestra educación, semanas enteras a aprender a jugar al ajedrez o tocar el piano y, sin embargo, nos parece extraño dedicarle tiempo al entrenamiento mental.

Ricard asegura que «nuestra mente puede ser nuestro mejor amigo o nuestro peor enemigo y para eso hay que entrenarla y no aceptar la idea de que todo lo demás en la vida llega con esfuerzo, pero que la única cosa que se perfeccionará por sí sola es el amor y la amabilidad, la compasión, la apertura de miras, la libertad interior, simplemente porque así lo deseamos [...] me parece una tontería colosal. No funciona así». Según él «necesitamos cultivar en cierta manera la compasión y el altruismo sobre la base de la razón, de la comprensión. Y tenemos el potencial para ello, todos lo tenemos, del mismo modo que cualquiera tiene el potencial de correr un maratón, pero si no entrena no lo conseguirá. Básicamente la idea es utilizar el potencial para conseguir una habilidad óptima. Por eso, "el entrenamiento mental" se podría llamar, para aquellos a quienes no les gusta esa expresión, "gimnasia para la compasión", si así se sienten más cómodos. O, qué sé yo, "cultivar las cualidades humanas básicas"».

El SEL, un acrónimo inglés que engloba el aprendizaje de técnicas dirigidas a mejorar la interacción social y regular las emociones, constituye la segunda pauta del nuevo abecedario que se está enseñando ya a los niños, pero que desconocen todavía los dirigentes empresariales y políticos. Deberíamos aprender a tomar conciencia de lo que sentimos y a manejar las emociones más perturbadoras, así como nuestros impulsos; a hacer hincapié en la expresión respetuosa de los sentimientos. Tan sólo esto último abre grandes posibilidades a la creatividad, coartada en ocasiones por la vergüenza o la crítica. Ello conlleva un incremento de la conciencia de uno mismo, de la capacidad descriptiva, del detalle y la oratoria. Por no mencionar los beneficios de dejar a un lado el codazo y la competición, por la empatía y la cooperación a la hora de resolver los problemas, ya sean los de matemáticas o los de la vida.

La resolución de conflictos es la tercera pauta del nuevo conocimiento indispensable para sobrevivir en el siglo XXI. Ya no cabe la antigua actitud de ignorarlos o aparcarlos. Los dilemas que deben resolverse son inevitables y es preciso abordarlos con resolución y ganas. Las interacciones entre causas distintas son demasiado numerosas y complejas para seguir creyendo que el tiempo lo cura todo. No es cierto. Problemas que antes podían arrinconarse en la despensa de la historia irrumpen hoy dislocando la vida cotidiana de las gentes: políticas equivocadas de inmigración, colapso de prestaciones sanitarias o de seguridad ciudadana.

Por último, están disminuyendo los índices de violencia a nivel mundial y aumentando los de compasión y altruismo. Nos lo enseña la ciencia tanto como la experiencia de los últimos años, en contra de lo que siguen opinando muchos sectores, sobre todo mediáticos. Cualquier opción política emparentada con la vieja lucha de clases está por ello condenada al fracaso y sólo pueden consolidarse las políticas y decisiones basadas en el consenso y la reflexión colectiva.

Itinerario 3

Claves para entender nuestras emociones

Cuestión de frecuencia

Es fascinante constatar los efectos imponderables del paso del tiempo. Imprevisibles, hasta que la biología molecular ha permitido a los neurocientíficos penetrar en algunos de sus secretos. Se conocía la relación entre el paso del tiempo y el alivio del dolor. A los seis meses de un gran contratiempo personal, la mente lo ha digerido y la vida, que parecía inconcebible tras la desgracia, empieza a perfilarse de nuevo y renace la esperanza. Sabíamos que cuando al final del camino se está convencido de que se experimentará una emoción positiva —una boda, un nacimiento—, el mayor error es desperdiciar la felicidad que rezuma el proceso de la búsqueda. La felicidad está en la sala de espera de la felicidad.

Lo que no sabíamos es que la ausencia física prolongada mucho tiempo mata el amor. El amor romántico parece eterno o no es amor. «Siempre te querré», se dicen los enamorados. Ahora bien, las investigaciones moleculares del científico lord Adrian Edgar hace más de treinta años apuntaban en dirección contraria. Y sabemos que tenía razón. ¿Por qué?

Las señales eléctricas que recorren las células nerviosas cuando se comunican son muy parecidas, al margen de la fuerza, duración o localización del estímulo exterior que las provoque. Cuando se rebasa el umbral para producir la señal, ocurre la descarga. Si ella o él no es capaz de generar la señal en el sistema nervioso del otro, no pasa nada. Pero cuando ocurre el estímulo amoroso, los potenciales de acción son siempre similares. El lector se preguntará cómo se transmite, entonces, la intensidad del estímulo. ¿De qué manera una neurona informa sobre la intensidad del estímulo que la hace vibrar?

Lo siento, querido lector, pero la intensidad transmitida no depende del tipo de señal de alarma o deseo generado por el estímulo exterior, sino de su frecuencia. También lo que dure la sensación viene determinado por el período de tiempo durante el que se siga generando el potencial de acción. Si todos los estímulos se agolpan, la sensación será intensa; si se espacian en el tiempo, la sensación será débil.

Es más, no sólo la intensidad experimentada depende de la frecuencia con que se produce el estímulo, sino que el tipo de información transmitida depende de la clase de fibras nerviosas activadas y los sistemas cerebrales específicos a los que están conectadas esas fibras. La información visual es distinta de la auditiva porque transcurre por canales distintos. Estamos sugiriendo que lo que está en el origen de una sensación —ya sea visual, táctil o auditiva, los ladrillos del amor— es indiferenciada. Lo único que cuenta es la frecuencia de los impulsos y los canales de comunicación utilizados.

Dejemos ahora la biología molecular y las células nerviosas, sin olvidar que somos una comunidad andante de células. ¿Cómo es posible que en la vida cotidiana seamos tan desconsiderados con el impacto del tiempo, de las ausencias y de las frecuencias? ¿Por qué prescindimos de ellas, considerando los desvaríos que esta actitud genera en nuestras vidas?

Si científicos precursores, como lord Adrian Edgar, y sus actuales seguidores, como el premio Nobel Eric R. Kandel, han demostrado la importancia de la frecuencia de los estímulos a nivel celular para definir la intensidad de una emoción, ¿por qué hay tantos padres que no tienen tiempo de dialogar con sus hijos, o enamorados que convierten en una excepción el roce de sus manos o de sus labios? La única excusa que tenemos es que nadie, o casi nadie, ha dedicado tiempo a activar su capacidad metafórica para deducir, de aquellas investigaciones a nivel molecular, las implicaciones para nuestra vida cotidiana.

El lado social de las emociones

Parece que los psicólogos se han concentrado demasiado en los aspectos estrictamente privados, y no sociales, de las emociones. Cuando pensamos en ellas, las imaginamos como elementos que sobrevienen de repente y que son el resultado de nuestras propias interpretaciones de lo que nos sucede. Pero si consideramos la amplia variedad de nuestras experiencias emocionales en la vida cotidiana, resulta evidente que la mayoría de las cosas que generan emociones también tienen que ver con la reacción de otras personas. Solemos olvidar que nuestras emociones están condicionadas por lo que piensan los demás.

En un experimento de la década de 1970 se demostró que los estudiantes japoneses expresan sus emociones de forma distinta a la de los estadounidenses. Se les mostró una película con escenas de operaciones médicas desagradables que normalmente inspiran repugnancia. En la primera parte de la prueba, las películas se vieron individualmente y se grabaron las expresiones de la cara durante la proyección. En esa fase no existen diferencias notables entre los estudiantes de ambas culturas. Sin embargo, más tarde se les vuelve a mostrar la película mientras se los entrevista y se graban de nuevo sus caras. En este caso, las expresiones son muy distintas. La interpretación habitual en este caso era que los japoneses, según se les había enseñado en su proceso de socialización, no mostraban sus emociones negativas delante de una autoridad, ocultándolas con expresiones más positivas.

Es evidente que existen diferencias interculturales en la expresión de las emociones básicas y universales. Algunos idiomas y culturas tienen palabras para expresarlas que carecen de una traducción directa a otras lenguas.

El hecho de que un idioma preste suficiente atención a un hecho o una emoción como para codificarla, demuestra probablemente que se trata de hechos y emociones relevantes en ese contexto cultural. No se trata de que personas de culturas distintas no compartan las mismas experiencias emocionales, sino más bien que varía su manera específica de responder a dichas experiencias. Es lo que demuestra un estudio antropológico realizado en Tahití, donde las personas no sólo ocultan la tristeza, sino que, a veces, la transforman en algo divertido porque así está escenificado en su cultura.

Brian Parkinson, profesor de psicología social de la Universidad de Oxford, también opina que los psicólogos se han concentrado excesivamente en los aspectos privados de las emociones. Para él resulta evidente que la mayoría de las cosas que nos generan emociones tienen que ver con otras personas: por ejemplo, nos disgustamos cuando alguien dice algo que nos ofende o nos alegramos cuando alguien nos felicita. Parkinson sostiene que las primeras emociones que experimentan los bebés constituyen una manera natural de relacionarse con el entorno. Incluso la ira no es sólo personal, sino que se ve reforzada por las reacciones de los demás. Los otros no verán con buenos ojos que una persona ceda a la ira como respuesta a una acción que no se ha hecho a propósito, y esta reacción reforzará el significado cultural que atribuimos a la emoción.

Este profesor de Oxford opina que no existe un cerebro social, una mente que controle las emociones de los grupos, como dicen algunos sociólogos. Él cree que los sentimientos que las personas tienen cuando están en una multitud son bastante parecidos a los sentimientos que tendrían si estuvieran solos. El hecho de estar en

Los japoneses no suelen mostrar sus emociones negativas delante de una autoridad y las ocultan con expresiones positivas.

grupo los puede intensificar porque se alimentan con los de los demás.

El viejo debate sobre si las emociones básicas son universales —idénticas para todo el mundo— o un subproducto de distintas culturas está zanjado. Nacemos con las mismas emociones básicas, al margen de la cultura en la que nos desarrollemos. Pero la expresión social de esas emociones puede cambiar en función de una cultura determinada. Los estudiantes americanos y japoneses experimentan idéntico disgusto ante escenas dolorosas, pero los últimos tenderán a enmascarar su expresión si se saben observados, porque así lo sugiere su cultura. Lo dice muy bien Parkinson cuando explica que algunas partes de las emociones son universales, y algunas partes son culturales, pero el problema es que ambas están ligadas. La cultura no es un fenómeno completamente alejado de lo biológico, es algo que ha surgido a consecuencia de una predisposición biológica y a la tendencia de relacionarse con los demás de una manera concreta. Y la biología, que funciona a través de la selección natural y la evolución, recurre a aquello que ya existe en el entorno social. No se pueden separar.

Las raíces de la infelicidad

La selección natural, a lo largo de millones de años, dio como resultado un escenario cercano a la lógica. Los organismos a los que les funcionaba el circuito cerebral de motivación y recompensa para comer sobrevivían mejor que los dotados con circuitos mediocres. Comían más y sobrevivían. Aquellos a los que les gustaba hacer el amor más que a otros, e interponían menos barreras a su deseo, garantizaban mejor la perpetuación de la especie. Siendo eso así, ¿cómo explicarse la capacidad infinita de la gente para hacerse infeliz? ¿Cuál es la razón evolutiva detrás de ese propósito estrafalario?

Que nadie me diga ahora —tras los avances de la psicología y la neurología— que para ser creativo hay que ser infeliz. Este debate duró demasiados años y alimentó la peregrina idea de que la depresión y hasta la locura eran creativas. Hasta quedaba bien andar por ahí con una depresión constante, mientras se formulaba, supuestamente, una filosofía más sofisticada. Hoy sabemos que la depresión es una enfermedad, como la sífilis, provocada por uno o varios genes, o por el entorno, y que afecta al tamaño del hipocampo, a la sangre y a los huesos. Se puede ser creativo a pesar de la depresión, pero no gracias a ella.

¿Cuáles son entonces las causas evolutivas de esa capacidad infinita de la gente para hacerse infeliz? ¿Tiene que ver con la envidia? Es cierto que a la mayoría de las personas les importa más lo que gana el vecino que el crecimiento del producto nacional bruto. Pero ¿tiene que ver con la perversión cultural que coarta en nombre de convenciones sutiles, pero indestructibles, la capacidad de gozar? ¿Con qué tiene que ver esa capacidad infinita para hacerse infeliz? ¿Está el secreto en el fuero interno de los infelices? ¿En su manera equivocada de gestionar sus emociones? ¿Por qué tanta desconfianza, enfurruñamiento y falta de esplendor?

Se lo he preguntado a un sinfín de personas informadas y puedo anticipar la supuesta razón que se suele manejar y que incluye a todas las demás: «El ser humano ha sobrevivido y ha superado a otras especies, precisamente, por su capacidad de tomar conciencia de sus limitaciones, y eso es lo que le genera infelicidad y disgusto con el entorno y con sus semejantes».

Ésa es la convicción generalizada, que se asienta en el error descomunal de culpar de la infelicidad a la búsqueda del conocimiento de las cosas y de las personas. Para todos los premios Nobel con los que he hablado, el tiempo más feliz de su vida fue cuando buscaban; cuando, conscientes de sus limitaciones, profundizaban en el conocimiento de las cosas y las personas. El premio supuso, casi siempre, más bien un incordio en su vida de investigador.

La ciencia moderna está poniendo de manifiesto, al contrario de la creencia generalizada, que la infelicidad tiene sus raíces en la manía del cerebro de no cuestionar ni renunciar a sus creencias. De aferrarse a convicciones falsas. De no desaprender. De no profundizar, precisamente, en el conocimiento de las cosas y de las personas como son, y no como creemos que son.

Martin Seligman, profesor de psicología en la Universidad de Pensilvania, en Estados Unidos, es mundialmente famoso por ser el mayor impulsor de la denominada psicología positiva. Este profesor trabaja para aliviar el sufrimiento en el mundo. Para él la clave de todo está en darse cuenta de que la noción de felicidad es científicamente imposible de concretar, significa demasiadas cosas para la gente, aunque él ha intentado descomponerla en tres elementos para poder medirlos científicamente y dar a las personas claves para intervenir. El primer elemento es la vida de placer y de emociones positivas, como por ejemplo las risas, las sonrisas o el hecho de estar de buen humor; el segundo es la vida comprometida, es decir, comprometerse en el amor, en el trabajo, con los hijos, con el ocio, con las amistades. Y el tercero es la vida significativa, y es el que tiene el mejor componente de inteligencia. Se trata de saber cuáles son los puntos fuertes de cada uno y utilizarlos para algo que creemos que es mayor que nosotros. Así tenemos la vida agradable, la vida comprometida y la vida con significado, las tres nociones que forman el concepto de felicidad y que se pueden contrastar de forma científica.

¿Qué nos hace tomar decisiones?

No parece admisible que pretendamos saber tantas cosas sobre el Universo que nos rodea y que, sin embargo, no sepamos por qué tomamos una decisión en lugar de otra. ¿Existe una explicación razonable de por qué elegimos a una persona como nuestra pareja y no a otra? ¿Hay algún principio que sustente la decisión de participar en un juego de azar en lugar de hacerle caso omiso? ¿Por qué nos casamos? ¿Por qué seguimos en un trabajo que no nos gusta? ¿Ha llegado el momento de tener un hijo? ¿Contesto al último *e-mail*?

La pregunta que intento formular a economistas y neurólogos es si existe una teoría de la toma de decisiones cotidianas que explique adecuadamente nuestra conducta. Los economistas dijeron que sí hace ya tiempo, aplicando lo que ellos denominan la teoría de juegos. Por su parte, los neurólogos han confirmado recientemente que existe una explicación teórica de por qué elegimos lo que elegimos entre distintas alternativas, pero su teoría no coincide con la de los economistas. Es decir, los neurocientíficos han constatado que la teoría de los economistas carece de validez. A raíz de este pequeño contratiempo, unos y otros decidieron, cuerdamente, formar un equipo multidisciplinar y, por fin, empezamos a saber por qué tomamos las decisiones.

Lo que se esconde detrás de cada decisión

Yo diría que el descubrimiento más sorprendente ha sido detectar la importancia de los sentimientos innatos o del andamio emocional a la hora de decidir. Consideraciones sociales y no sólo individuales conectan directamente con el mecanismo cerebral del premio y la recompensa.

Marc Hauser, psicobiólogo de la Universidad de Harvard, defiende la existencia de unos principios morales universales que rigen nuestras decisiones y juicios a la hora de distinguir el bien y el mal. Hauser cree que hay un conjunto de principios comunes que todos los seres humanos parecen compartir en lo que respecta a sus juicios morales. En sus investigaciones, este psicobiólogo le pedía a la gente que le diera una respuesta a lo que para ellos es moralmente justo ante distintos problemas morales. A veces daban una respuesta pero no podían decir por qué la estaban dando, y esto es lo que sugiere, según Hauser, que hay un proceso inconsciente que los empuja en una dirección u otra.

Hauser está investigando con varias tecnologías en neurociencia para identificar circuitos cerebrales que son cruciales en la toma de decisiones morales. Una línea de investigación apunta a los lóbulos frontales del cerebro. Parece que cuando esta parte del cerebro está dañada perdemos una conexión entre nuestras emociones y nuestra toma de decisiones. Resulta que cuando estamos confrontados a dilemas morales esta zona es muy relevante, pero para otros muchos dilemas, no lo es. Lo que sugiere es que para algún tipo de problemas morales, las emociones parecen ser irrelevantes: se pueden tomar decisiones basándose en lo que alguien creyó, en lo que alguien intentó, y parece que las emociones no desempeñan ningún papel. Pero cuando surge un dilema, cuando la acción causa daños a uno pero beneficia a muchos, surge el conflicto.

Los neurocientíficos están empezando a señalar cuáles son las estructuras importantes, desde un punto de vista causal, que nos permiten emitir juicios morales, creencias, emociones, intenciones.

Así sabemos que en la práctica, los que toman decisiones lo hacen de forma menos interesada y egoísta de lo que sugerían los economistas. El móvil individual y estratégico cuenta menos de lo que se sospechaba. ¿Será posible que la influencia de la moral innata o el espíritu de cooperación determinen gran parte de nuestras decisiones? Hay que verlo para creerlo.

Y para verlo, los primeros experimentos se efectuaron con el llamado juego del ultimátum, un ejercicio muy sencillo entre dos personas. A una de ellas se le dan mil euros y se le exige que done una parte del dinero, la que sea, a su compañero de juego, pero con la advertencia de que si el otro jugador la rechaza por considerar injusto el reparto, los dos se quedarán sin dinero. Para los economistas —antes de dialogar con los neurólogos—, estaba claro que la búsqueda del propio interés induciría a aceptar cualquier oferta superior a cero. Unos pocos euros son mejor que nada. Los repetidos experimentos efectuados por los neurólogos, en cambio, han demostrado que cuando la oferta al compañero de juego es inferior al 20 por ciento, éste renuncia y prefiere que nadie se quede con nada. El sentimiento de injusticia prevalece sobre el interés de quedarse con doscientos euros.

De ahí a sugerir que existe un programa moral innato no hay más que un paso que muchos científicos están ya dando. «No somos tan bestias como parecemos», dicen esos científicos. Las emociones, y no sólo la razón, desempeñan un papel primordial en las decisiones morales.

Por favor, que el lector se cuestione lo siguiente y en función de la respuesta le diré lo que le pasa. Imaginemos que entra en la estación un convoy a toda velocidad con riesgo de arrollar a cinco trabajadores en la vía. La única manera de evitarlo sería empujando a la muerte a un inocente para parar el tren. Moriría un inocente, pero se salvarían cinco vidas. Pues bien, salvo en el caso de personas con una lesión cerebral determinada, nadie o casi nadie opta por esa solución.

Nadie lleva un título que rece: «Soy un psicópata»

Tenemos ciertos conocimientos acerca de los factores que inciden sobre el nivel de felicidad. Se han descubierto cosas tan evidentes como que el nivel de renta o incluso la salud no son los factores externos más significativos. Sólo cuando el nivel de renta está por debajo del de subsistencia, el dinero es igual a la felicidad. En cuanto al deterioro de la salud, incluso después de percances personales significativos, el tiempo mediatiza sus efectos. Son las relaciones personales el factor determinante.

Lo que no se ha estudiado suficientemente, todavía, es la dimensión de la capacidad de amar que, sin embargo, tiene un peso agobiante en las relaciones personales. Gracias, sobre todo, al científico canadiense Robert Hare, sabemos quién es incapaz de amar. Los psicópatas, a los que ya me he referido, no tienen conciencia del sufrimiento de los demás y, en términos más generales, no pueden ponerse en el lugar del otro, sentir remordimiento por el dolor infligido, empatizar con otra persona y, por lo tanto, no pueden amar. Se trata del 1 por ciento de la población, únicamente, pero constituyen más del 15 por ciento de los delincuentes detenidos, porque su grado de reincidencia es mucho mayor que el promedio y sus crímenes, más variados. La cifra del 1 por ciento no refleja en absoluto el sufrimiento ingente que los psicópatas causan desde los estamentos del poder, de la empresa y de la vida personal. El problema es que nadie lleva un letrero que rece: «Soy un psicópata». Al contrario, son excelentes comunicadores y su carácter resolutivo y osado los convirtió en excelentes candidatos para las empresas sumidas, en la década de los noventa, en procesos de reorganización provocados por la crisis económica. Lejos de resolver los problemas, crearon destrucción y sufrimiento a su alrededor.

Las raíces del amor

El resto de la población puede amar y se enamora, pero, lógicamente, unos más que otros. ¿De qué depende esa capacidad de amar que, a su vez, influye sobre sus niveles de felicidad?

En primer lugar encontramos lo que los psicólogos llaman el «apego familiar». En experimentos efectuados con crías de ratones, los retoños a los que se expresa el afecto materno mediante lametones crecen con mayor autoestima y seguridad en sí mismos que los que son dejados a su suerte. Uno de los grandes descubrimientos de la psicología moderna ha sido, justamente, identificar las repercusiones indudables que tiene para la vida del adulto lo que haya acaecido en ese entorno familiar inicial. Son las etapas de formación incipiente de la parte más desarrollada del cerebro, que puede verse afectada por lo ocurrido durante la fase del entorno familiar.

Ahora bien, lo que no se sabía es que en función del grado de apego se genera mayor o menor autoestima y seguridad en uno mismo. Los dos rasgos de carácter son esenciales para comportarse provechosamente en el siguiente entorno: el de la escuela y el comienzo de las interrelaciones sociales, más allá del ámbito puramente familiar. Tanto la autoestima como la seguridad en uno mismo resultan indispensables para profundizar con ganas en el conocimiento y la curiosidad de los demás. Ya hemos dicho que durante la infancia resulta relativamente fácil conquistar el amor del círculo íntimo. Para los familiares, el protagonista de la atención es el más listo y guapo. El resto de la vida, sin embargo, transcurre en una lucha tenaz por lograr el reconocimiento del resto de las personas, que, en su gran mayoría, son desconocidos o indiferentes. Se trata de la ardua tarea de lograr el amor del resto del mundo.

Según apunta William James, si en el comienzo de las interrelaciones sociales se utilizan los resultados positivos del cuidado maternal, se pasará a la conquista del amor del resto del mundo con ánimo de seguir explorando relaciones o, al contrario, con predisposición al rechazo o, en el peor de los casos, con ánimo de destruir el mundo que nos rodea. Ése suele ser el caso de muchos de los psicópatas con o sin estigma genético.

La inversión parental

Otro componente fundamental de la capacidad de amar viene determinado por la llamada inversión parental, representada por la fusión amorosa primero, la construcción del nido después —incluidos los hijos, hipoteca y relaciones laborales— y, por último, la definición de los ámbitos de libertad respectivos de la pareja. Se trata de una dura negociación entablada, principalmente, de manera inconsciente.

Los economistas, de la mano de los psicólogos, han aportado un dato nuevo a esa inversión parental. Se trata de la tecnología de los compromisos, que puede tensar a extremos peligrosos las relaciones de la pareja y el consiguiente cuidado de los hijos. La vida moderna se caracteriza por una multitud de compromisos nuevos que compiten con los heredados o los propios de la vida familiar. Tanto el número de hijos como de obligaciones adquiridas compiten por unos recursos limitados, con el consiguiente efecto negativo en la dedicación familiar. La inversión parental de hoy día no tiene parangón con ningún período pasado.

El último concepto involucrado en la capacidad de amar vendría dado por la resistencia de los materiales y metabolismo biológicos, tanto de tipo hormonal como cerebral. Generar apego, invertir en los soportes materiales que sustentan la relación de pareja, requiere una cierta resistencia que no es idéntica en todos los casos. Ésos son los mimbres con los que se construye la capacidad de amar de un individuo. Ahora bien, más interesante que esa evaluación científica puede que sea, para la gente de a pie, el procedimiento preciso por el que cristaliza esa capacidad de amar. El descubrimiento más reciente e insólito se lo debemos al neurocientífico mexicano Ranulfo Romo, tras años de investigaciones con monos rhesus. Ante un estímulo externo —una mujer muy guapa e inteligente o un hombre muy esbelto e inteligente—, la parte primordial del cerebro activa una sensación de bienestar. Para que esta sensación se transforme en un sentimiento de amor o felicidad hace falta que el pensamiento se ponga a hurgar en la memoria, en busca de datos o recuerdos similares. Es una búsqueda frenética e instantánea en el pasado. Tanto es así que —de acuerdo con Ranulfo Romo— no existiría el mundo sin memoria. En cierto modo, todo es pasado.

En nuestro cerebro hay una maravilla de circuitos que son capaces de guardar nuestra experiencia y que nos permiten tener una identidad. A lo largo de la historia, el ser humano ha ido transmitiendo información —primero lo hizo oralmente y luego por escrito—, que guardamos en la memoria y nos sirve para hacer cosas, para vivir. En nuestro cerebro traemos todo el pasado y sin el pasado no podemos saber lo que somos en este momento.

Una de las grandes virtudes que tiene nuestro cerebro es que puede generalizar, puede ir más allá de lo que ha aprendido y guardado en la memoria. Es capaz de ir transformando estas experiencias y la información que aporta la realidad para adaptarse.

Enamorarse: cuestión de química

¿Qué lector hombre no ha experimentado la frustración que causan las reticencias y aplazamientos consecutivos —la promesa de otra cena o de un café dentro de una semana— de la pareja potencialmente enamorada?

Esta actitud femenina que rebota en la mente del seductor presenta claros perfiles evolutivos: se trata de la precaución lógica de quien tiene mucho que perder en una inversión precipitada y, también, del mayor componente mental de la libido femenina.

La fase temprana del amor se asemeja a una montaña rusa hormonal, con subidas y bajadas bruscas que inducen los distintos estados necesarios para que una buena relación pueda estabilizarse más adelante. Un encuentro afortunado genera ansiedad porque, aunque se pueda haber iniciado el proceso amoroso y postergado la aversión a extraños, tampoco se quiere, de entrada, dejarse arrollar por ese amor. Según Helen Fisher, investigadora del departamento de Antropología de la Universidad de Rutgers, en Estados Unidos, hay un componente cultural muy importante cuando nos enamoramos, pero también el momento es esencial. Es decir, hay que estar dispuesto a enamorarse.

Si eso pasa, las personas enamoradas arrojan índices de cortisol más elevados que los demás, reflejando así el estrés que producen los estímulos asociados a los inicios de una relación.

Como explico en mi libro *El viaje al amor*, hace falta un nivel moderado de estrés para iniciar un vínculo. El amor es un arma de doble filo. Enamorarse y ser correspondido nos hace sentir bien, eufóricos, obsesionados con el otro. Hay de qué alegrarse; lo que empezó con una sensación de placer en la mente fustigada por un estímulo exterior se ha transformado en una emoción de amor en toda la regla.

Tanto es así que, a menudo, da la impresión de que uno ha caído en un estado parecido al de las conductas obsesivas. La diferencia radica en que, en éstas, la obsesión se manifiesta en alteraciones de conducta, mientras que el enamoramiento cambia, sobre todo, el pensamiento: sólo se piensa en la persona amada.

¿Quién no se reconoce en una situación como ésta, característica del flechazo improvisado? Es algo químico y repentino, pero ya tiene todo el potencial del amor absoluto. No se debe subestimar el conocimiento inconsciente asimilado por la amígdala —el órgano cerebral rector de las emociones— durante millones de años, pero no es, obviamente, el momento adecuado para la calma. Descienden los niveles de serotonina. Surge a la vez un rechazo a dejarse arrastrar por estímulos nuevos que trastocan compromisos ya adquiridos. Sube la concentración de vasopresina, una de las dos hormonas, con la oxitocina, del amor.

Se ha sugerido que las preferencias mostradas por una pareja determinada se deben a los circuitos de la vasopresina, que, de algún modo, conectan con los circuitos de la dopamina, la hormona del placer, por lo que un organismo asociará una determinada pareja con una sensación de recompensa. Fisher dice que en el momento del enamoramiento hallamos actividad en muchas partes del cerebro, pero sobre todo en una pequeñísima zona que hay cerca de la base del cerebro, llamada área ventral tegmental, que produce la dopamina.

¿Quién gana o pierde la partida? Tiene más probabilidades de ganar aquel de los dos en la pareja que sea consciente de cabalgar en una montaña rusa y sepa esperar a que suene el silbato del final de esta vuelta para reiniciar conjuntamente el camino después de la tormenta hormonal.

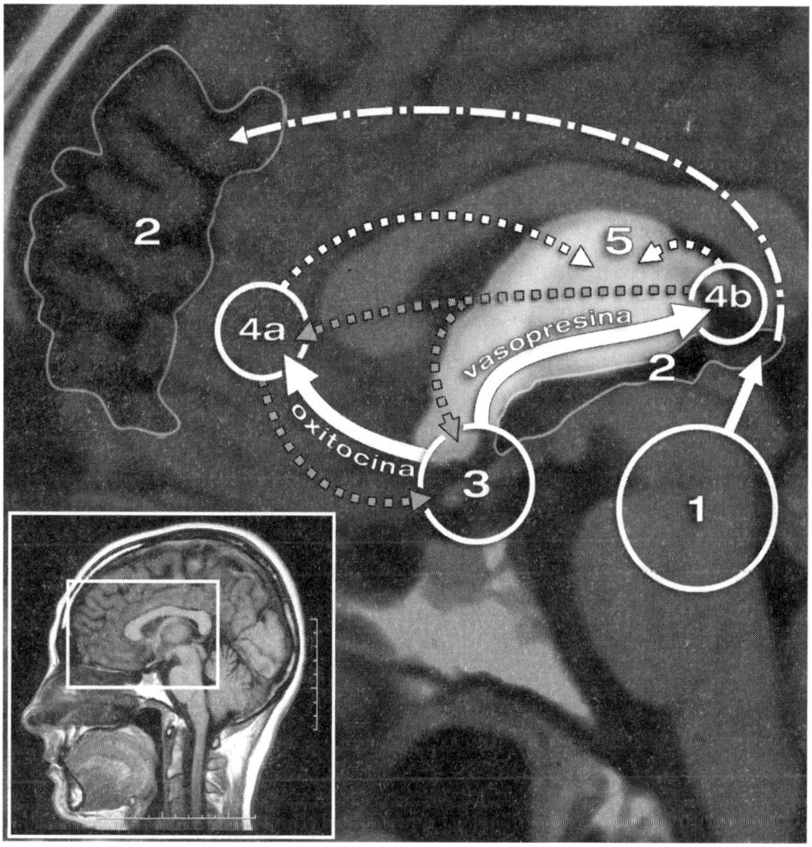

La feniletilamina, producida en grandes cantidades como respuesta a la estimulación visual, activa dos regiones cerebrales diferentes, con dos efectos contrapuestos:

Núcleos mesencefálicos productores de dopamina (1), que inhiben las regiones cerebrales donde se procesan las emociones negativas y el enjuiciamiento crítico (2). Literalmente, «perdemos el juicio», y nuestro amado/a se nos aparece sin defecto alguno.

Eje hipotálamo-hipófisis (3), que segrega oxitocina hacia el núcleo accumbens (en la mujer) (4a) y vasopresina hacia el pálido ventral (en el hombre) (4b), cuya misión es la estimulación del circuito de recompensa (5). Nos apetece, nos sienta bien estar cerca de la persona amada.

Cuando en una ocasión le pregunté a Helen Fisher si en el amor realmente es todo química me respondió con un sí rotundo. Me recordó que cada vez que producimos un pensamiento, tenemos una motivación o experimentamos una emoción, siempre se trata de química. Aunque esto no significa que el amor pierda su magia. Nosotros podemos conocer perfectamente la fórmula que hay detrás del amor, pero nos puede seguir embrujando como si no conociéramos sus claves secretas.

Somos optimistas por naturaleza

Siempre lo sospeché. Tendemos a creer que el resultado particular será mucho mejor que el promedio. En medio del desorden generalizado pensamos que las posibilidades de perder el trabajo son pocas. No se trata de que, al recordar el pasado, seamos más pesimistas que al anticipar el futuro. No es una cuestión de pasado ni de futuro; se trata de que el futuro deja más puertas a la imaginación y, sencillamente, las aprovechamos.

Lo que estamos descubriendo en los laboratorios es que nos comportamos de forma optimista, aunque la realidad esté indicando lo contrario. Somos optimistas por naturaleza, para no sumirnos en los avatares íntimos provocados por la depresión y el pesimismo.

Evolutivamente, las cosas han sido tan duras que aquellos organismos modelados por corrientes optimistas llegaban en mayor número a buen término. Para poder sobrevivir nos engañamos a nosotros mismos haciéndonos creer que el futuro será más fácil que ahora. Al esperar noticias positivas y generar con ellas imágenes mentales seductoras, desempeñamos una función adaptativa: modelamos el comportamiento presente en función del objetivo futuro.

Estoy seguro de que a mí y a muchos de mis lectores, lejos de reconfortarnos, este descubrimiento sobre el comportamiento humano nos preocupa. Se puede dar gracias al cielo de que la sobredosis de optimismo nos ayude a deambular mejor por la vida o bien, por el contrario, reventar de indignación ante la perspectiva de tanto escollo atrabiliario que sólo se puede salvar engañándonos a nosotros mismos.

Hace unos años viví de cerca tres historias de amor en un aeropuerto que me impresionaron y que tal vez nos ayuden ahora a calibrar el porqué de la sobredosis de optimismo en nuestro comportamiento.

Un encuentro fortuito entre dos personajes da lugar a un amor profundo, desinteresado y bello. Tanto ella como él constatan que las de su encuentro han sido las horas más bellas de su vida. Pero ella pone término a la historia de amor a la mañana siguiente, invocando un compromiso previo y estable con su pareja.

La segunda pareja en busca del amor también lo había encontrado. Fue irresistible y todo parecía conjugarse: su libertad respectiva y una capacidad de amar generosa. El único problema fue que la educación de los dos —¡ojo!, no sólo la de ella— les impedía hacer el amor a las pocas horas de haberse conocido. Este hecho supeditaba el nacimiento de un amor tierno a las coincidencias impredecibles de la vida moderna.

En el tercer caso, los dos habían asumido su amor y la infidelidad hacia sus parejas respectivas. Se veían en los aeropuertos de pascuas a ramos y conservaban el calor de sus respectivos hogares. El problema, en este caso, era que cada vez les resultaba más difícil encontrar un hueco en sus ajetreadas vidas.

En el vuelo de regreso volví a sumergirme en la lectura del experimento de los neurólogos que demuestra que funcionamos con una sobredosis de optimismo que nos ayuda, evolutivamente, a salvar los malos tragos. No me extrañaba lo que estaba leyendo. Acababa de vivir tres experiencias de amor seguro, sin engaños, ideados para siempre y que, no obstante, no habían podido cuajar. «Si esto pasa con el amor verdadero —pensé para mis adentros—, ¿cómo se resiste la trama de fracasos cuando se confunde amor con deseo, dinero con seguridad o engaño a secas?» Definitivamente, hace falta mucho optimismo, a menos que se adapten las reglas del amor a las exigencias de la vida moderna.

Por otro lado, el profesor Martin Seligman, en una de sus investigaciones, estudió 30 profesiones diferentes en Estados Unidos para ver la relación entre el optimismo y el éxito, y sólo encontró una en la que los pesimistas tenían más éxito: la abogacía. Es la única profesión donde los pesimistas triunfan, aunque Seligman apunta un motivo claro. «En Estados Unidos para ejercer como abogado hay que imaginarse la peor catástrofe que le podía haber sucedido a tu cliente, hay que ser capaz de encontrar los monstruos debajo de la alfombra», dice, lo que está muy bien para ver la parte de la vida que es menos probable, pero desgraciadamente el pesimismo no es una característica que se pueda dejar en el trabajo, el que es pesimista lo es en todos los aspectos de su vida, así que estos abogados triunfadores van por la vida con menos recursos que los optimistas de los que hemos hablado. Tal como nos recuerda Seligman, el índice de depresiones, suicidio y divorcios entre los abogados es el más alto de Estados Unidos, pese a que es la profesión mejor pagada.

La conciencia, esa gran desconocida

Hasta hace muy poco tiempo no creíamos que nuestro subconsciente o las emociones allí alojadas pudieran interferir con nuestras vidas. Cuando lo hacían, era un signo de debilidad. De hecho, había que ocultarlas para que no afloraran las expresiones faciales correspondientes, segarlas para que no ensombrecieran la razón, sacrificarlas en aras de convenciones sociales firmemente arraigadas en el pasado. Ahora hemos descubierto que no tomamos una sola decisión que no esté influenciada por las emociones que hierven en el subconsciente. Y lo peor de todo, constatamos —como ya he dicho en más de una ocasión— que nadie nos ha enseñado a gestionarlas. Hemos aprendido un mar de cosas sin sentido, pero no sabemos cómo incidir sobre nuestra conducta cotidiana gestionando mejor lo único, o casi lo único, que la determina.

Hace ya muchos años que la duda en torno a la singularidad de la conciencia me asedia. Fue tras sendas conversaciones mantenidas con dos grandes científicos, una bióloga americana y un físico europeo, como se me despertó la curiosidad. La bióloga americana, señalando los movimientos de bacterias inducidos por una corriente magnética en el laboratorio, musitó, ensimismada, sin dirigirse a nadie: «¿Y si las bacterias tuvieran conciencia?».

El físico había recibido el premio Nobel por sus investigaciones en microscopios. Estábamos intentando profundizar en las diferencias entre la materia inerte y los seres inteligentes cuando exclamó: «¡Llegará un día en el que serán mucho más borrosas que ahora las diferencias entre la materia inerte, los organismos vivos y la inteligencia!».

Algo de estos pensamientos recogen aquellas inquietudes de algunos lectores que sugieren descender a las moléculas, a las partículas, a lo más fundamental —los mimbres de todo lo que vemos y sentimos— para entender no sólo nuestros esquemas organizativos, sino nuestra propia conciencia. Lo escalofriante de este viaje es que, al final, hay mucho más vacío que otra cosa.

Guardando las proporciones, la distancia de un electrón al núcleo de un átomo de los que estamos hechos es similar a la que separa la grada de los aficionados al fútbol del centro del campo. Un organismo vivo está hecho, básicamente, de vacío. Y el espacio, casi enteramente. Nuestra inteligencia se mueve en ese vacío. Apenas estamos empezando a saber cómo funciona. Hemos descubierto la importancia de dos conceptos que, hasta hoy, subvalorábamos: el pasado y el inconsciente. Y todo es pasado y casi todas nuestras decisiones son fruto del inconsciente.

Al pasado lo llamamos historia y habíamos dedicado unas cuantas mentes preclaras a escrutarlo. No mucho más. Para todos parecía evidente que el presente y el futuro eran lo importante. En relación a cada mente individual, la reacción frente a un estímulo exterior —una cara o un edificio hermoso— viene dada por las grabaciones neuronales de eventos parecidos en el pasado. Percibimos algo, pero lo que visualizamos está impregnado de nuestra propia historia. ¡Increíble! Nos queda por saber si ocurre algo parecido a nivel social. Los cambios de que tanto hablamos —como, en el caso de España, haber pasado de ser un país agrario a una sociedad de las averías tecnológicas— ¿tienen algo que ver con el pasado o fueron una apuesta impoluta de futuro? Cuando leemos los periódicos, sospechamos que siguen prevaleciendo las hormas y los raseros del pasado. Todo sigue siendo culpa de la derecha o de los anhelos puros de la izquierda. Los cambios que percibimos son reales —hay más libertad y averías—, pero los visualizamos en función de convicciones pasadas que siguen impertérritas.

El abandono de las mayorías

¿Hasta cuándo se va a permitir que las grandes mayorías se incorporen a la vida adulta sin haber oído jamás hablar de altruismos y empatía? ¿A cuántos de mis lectores les gustaría conocer en detalle las cartas de otros lectores que forman parte de las grandes mayorías? Muchos de ellos exponen su desamparo ante un gran amor incomprendido; otros, los dilemas lacerantes que provoca la formación de los bebés y de los niños porque nadie se ha ocupado del aprendizaje de las emociones con que venimos al mundo; muchos otros necesitan que alguien los ilustre sobre las consecuencias del odio y del desprecio, la gestión de la sorpresa, el control de la rabia. En definitiva, saber lo que nos pasa a todos por dentro y no sólo lo que les pasa a unos pocos desde fuera.

El mejor ejemplo para demostrar las dificultades que tiene formar parte de la gran mayoría son los viajeros que a veces se quedan abandonados a su suerte en algún aeropuerto por motivos climatológicos, por huelgas o protestas. Su gran pecado no es otro que comportarse como la gran mayoría de los ciudadanos: quieren, simplemente, disfrutar de unas vacaciones después de meses de duro trabajo. Pero ni el Estado, ni las empresas, ni las instituciones sociales tienen previsto remedio alguno para las dificultades de la gran mayoría.

A la gran mayoría, o se la deja que se las arregle solita para salir de apuros, o se la somete a exacciones constantes que le producen desasosiegos infinitos: límites de velocidad cambiantes, niveles de impuestos injustificados, colas para conseguir la guardería para los niños o la escuela más adecuada... Lo peor que le puede pasar al ciudadano corriente, a las mujeres y los hombres de la calle, es formar parte de la inmensa mayoría a la que no le pasa nada. Para que se ocupen de ti, querido lector, te tiene que pasar algo. Debes formar parte de una minoría, no de la mayoría.

Las minorías son pequeñas, pero variadas. Destaca el embrujo que ejercen sobre los medios de comunicación y, muy a menudo, sobre los recursos del Estado, en comparación con los que éste dedica a la inmensa mayoría. Vale la pena aludir con su nombre a las distintas minorías que han sido objeto de atención y cuidado por parte de las clases dirigentes, en gran parte gracias a haberse ganado a pulso el favor de la opinión pública. Los defensores del reconocimiento de los derechos de los gays —un colectivo discriminado hasta el exorcismo en el pasado muy reciente— constituyen un ejemplo de grupo minoritario que ha conseguido recabar la atención del Estado y de los medios.

¿Otros ejemplos de sectores minoritarios de los que se ocupan los Estados y los medios de información? Hay muchos. Por ejemplo, la presión social ha conseguido que se atiendan los problemas de un sector minoritario, en detrimento de la mayoría, en el ámbito de las residencias para la tercera edad. ¿Dónde pueden vivir decentemente y ser cuidados adecuadamente, después de una vida abnegada, los pensionistas? Si son muy pobres, puede que encuentren una residencia para ancianos a precios y calidades razonables. Si son muy ricos, con mayor facilidad. La inmensa mayoría —los que no son muy pobres ni muy ricos— no tiene salida.

Al comparar la atención prestada a las injusticias impuestas a sectores minoritarios con la indefensión generalizada de las grandes mayorías en la vida cotidiana, resulta que no hay color.

Los colectivos gays son un ejemplo de cómo un grupo minoritario ha conseguido recabar la atención del Estado y de los medios.

Itinerario 4

Podemos cambiar el cerebro y por lo tanto el mundo

El origen del cerebro

El cerebro no surgió de repente, se desarrolló trabajosamente a lo largo de setecientos cincuenta millones de años. Sólo lo tienen quienes lo necesitan. Los organismos unicelulares, que vivieron como células únicas durante dos mil millones de años, decidieron formar una corporación porque presenta grandes ventajas. Y así surgieron, con el tiempo, dos filosofías vitales diametralmente opuestas. La filosofía de las plantas, seres vivos como nosotros, que tienen circulación, se reproducen y mueren, pero que no se mueven activamente. Y la filosofía del movimiento, que requiere un sistema nervioso, como el de los animales.

Los animales tienen que desplazarse en el mundo externo y, por tanto, necesitan una imagen, aunque sea muy primitiva, de hacia dónde se están moviendo, porque se podrían encaminar, por ejemplo, hacia la boca de un animal hambriento. Moverse es peligrosísimo si no se dispone internamente de una imagen del mundo exterior. El cerebro se desarrolló porque es necesario para detectar las consecuencias del movimiento.

Si se busca el eslabón perdido de cómo apareció el sistema nervioso, se encuentran unos animales llamados tunicados que viven en el fondo del mar: son como una especie de botella, sólo toman agua, de donde extraen los nutrientes necesarios gracias a un simplísimo sistema digestivo. Este sistema tan mínimo requiere sólo un cerebro muy primitivo, que activa una sencilla bomba de agua. Lo más extraordinario es que cuando se reproducen, los tunicados generan una semilla inteligente. Casi todos los vegetales generan millones de semillas, pero muchas se mueren o no germinan. En cambio, la semilla de los tunicados, que es móvil como un renacuajo, tiene la capacidad de recibir luz y sabe dónde está arriba y abajo, es decir, tiene un sistema vestibular, tacto y la posibilidad de entender muy brevemente el mundo externo. El tunicado se mueve activamente, pero sólo vive una hora, porque en una hora se le agota la «batería», ya que carece de aparato digestivo. Nace con una yema que come a medida que va muriendo. Y en el transcurso de esa hora debe buscar un sitio donde fijarse. Cuando encuentra ese lugar, absorbe su propio cerebro porque ya no lo necesita.

A lo largo de la evolución, algunas formas han adquirido el aparato digestivo y han podido continuar explorando el universo. Y esas formas somos nosotros, es decir, los vertebrados, aunque haya gente que al establecerse y encontrar un trabajo fijo se comporte como los tunicados. Cuando es necesario predecir el futuro y programarlo, hace falta un órgano más sofisticado: así se desarrolló la cabeza, la punta de lanza de los animales que se mueven. Como todo lo nuevo siempre viene de frente —porque uno se está moviendo hacia delante—, los ojos, los oídos y todos los aparatos de percepción se concentran delante. Existen cosas que no vemos, como las señales de televisión que nos traspasan, porque sólo vemos lo que nos interesa e ignoramos lo que no nos importa.

El sistema nervioso es un sistema cerrado, perforado por los sentidos. Ya he explicado cómo el cerebro tiene que hacerse una idea de lo que hay fuera sobre la base de la memoria genética y de aquello que captan los sentidos. Con esas variables genera un estado interno que existe únicamente en nuestro interior: el sistema nervioso mezcla el rojo de la manzana con su redondez, su tacto, su sabor y su olor. Cuando dormimos, soñamos con gran detalle, con música y colores, y distinguimos que esas experiencias están en nuestro interior. La demostración precisa de que el sistema es cerrado es el hecho de que se pueda pensar una cosa, inventarla y reproducirla, aunque nunca haya existido fuera.

Estamos programados para ser únicos

Nuestra constitución genética —las instrucciones conductuales que llevamos en el núcleo de cada una de nuestras células— se encarga de que nos comportemos de una manera o de otra. Que seamos agresivos o benevolentes. Lúdicos o indiferentes. Vagos o trabajadores. Curiosos o indiferentes. Empáticos o desconsiderados. Con un matiz, claro: dependiendo del entorno que nos haya tocado vivir, los genes responsables, por ejemplo, de la depresión pueden o no expresarse. Potencialmente podemos ser unos depresivos que entristecen la vida a los demás, aunque nuestro destino concreto no sea éste gracias a haber aterrizado en un entorno amable, pacífico, benevolente y considerado. Durante cuarenta años se fraguó un debate entre los que creían que todo dependía de los genes, los que creían que la mitad dependía del entorno y los convencidos de que la educación y el entorno lo condicionaban todo.

Si estabas aquejado por una enfermedad mental, ibas al médico, fuera psiquiatra o neurólogo, o bien al psicoanalista y a los psicólogos. Si tenías el presentimiento de que la conducta era el resultado de las leyes universales que rigen los procesos cerebrales, te ibas de cabeza al especialista del cerebro. Si, por el contrario, considerabas que la individualidad de cada persona está marcada por su inconsciente, entonces te ibas de cabeza al psicoanalista.

Ahora ya entendemos por qué nos iba igual de mal en los dos casos. Neurólogos punteros de todo el mundo —fundamentalmente en Suiza y Estados Unidos— están demostrando desde hace años que necesitan a los psicoanalistas y éstos a los neurólogos en la misma medida para interpretar la realidad. La espoleta que activó la convergencia de estos dos ríos del conocimiento fue el concepto de plasticidad cerebral: se descubrió que cualquier experiencia personal deja una huella indeleble en la estructura cerebral.

Nuestro cerebro puede ser modificado estructuralmente por las experiencias y los estímulos externos, y también por las percepciones y estados internos. Allí dentro no hay nada que cambie de una vez para siempre. Estamos descubriendo, asombrados, que se producen discontinuidades, transformaciones superficiales en las sinapsis y, permanentes y profundas, en otros circuitos. Estamos programados, es cierto, pero para ser únicos. Totalmente distintos del vecino y de los demás. La plasticidad cerebral conlleva un paradójico equilibrio en el que todo queda inscrito, todo se conserva, pero al mismo tiempo todo cambia y se transforma. Estos movimientos del cerebro para ir dando forma y sentido a las experiencias van configurando una realidad interna inconsciente. Esta realidad dirige nuestras acciones e interviene en nuestras decisiones y es el pilar de nuestra singularidad. Por eso somos únicos.

Para explicarlo, el neurobiólogo Pierre Magistretti afirma que algunas de las huellas que ha dejado la experiencia en nuestro cerebro se pueden reasociar y crear así nuevas redes, nuevas huellas que no tienen una relación directa con la experiencia original. Esto es lo que añade cierto grado de libertad en nuestra conducta. Si no fuera así, seríamos como robots: todo vendría predeterminado, y no cabría posibilidad alguna de que surgiera la individualidad, lo que nos hace únicos, la singularidad.

Es más, el concepto revolucionario de la plasticidad cerebral con que se ha saldado el viejo enfrentamiento entre neurólogos y psicoanalistas conlleva un peligro: algunas terapias sugeridas por la recién descubierta plasticidad cerebral casi suenan a perogrulladas; no es creíble que baste con descartar las cuestiones que atormentan al espíritu y ocuparse, sobre todo, de lo que funciona.

Dejar de lado los temas que convulsionan el espíritu y centrarse, en cambio, en la infinitud de cuestiones que apetecen y pueden resolverse es una terapia de éxito.

Magistretti advierte: «No debemos temer a nuestro inconsciente. Porque el inconsciente somos nosotros mismos. ¡No es algo externo! Es lo que somos, de hecho, es nuestra propia esencia. Simplemente nos resulta difícil llegar a conocerlo». Para explicarlo mejor, usa una metáfora esclarecedora. «Es como si viviéramos en una casa, una casa grande, y nos percatáramos de que hay otra persona que también vive ahí. Como si fuéramos al salón y viéramos que alguien ha movido los ceniceros de sitio, o que la televisión está en otro lugar. Nos daríamos cuenta entonces de que hay alguien. Alguien que vive ahí, ¡pero no le conocemos! A través del proceso de psicoanálisis, en algún momento llegamos a encontrarnos con esta persona, a conocerle un poco, aunque las cosas no cambian demasiado porque te sigue haciendo jugarretas, pero por lo menos sabes quién es.»

Imaginar y recordar, las dos caras de una misma moneda

El profesor de psicología Daniel Schacter asegura que cuando observamos el cerebro resulta difícil encontrar un único lugar en el que se aloje un recuerdo concreto, como el recuerdo de una secuencia. Cuando recordamos, cuando rememoramos el pasado, los pedacitos de información vuelven a unirse desde las diferentes partes del cerebro, y eso es lo que da lugar a los recuerdos.

Y aunque el inconsciente sea el responsable de la asociación de redes cerebrales, no es difícil que uno mismo realice voluntariamente esta recomposición de piezas. Basta con cerrar los ojos e intentar rediseñar el rincón de las vacaciones preferidas: el color rojo de la puerta y la verja de hierro son lo primero que se nos aparece. Calle arriba es fácil ver la tasca a mano derecha y la hilera de adosados a la izquierda. A medida que se sube la calle, surge, de pronto, el escaparate de la inmobiliaria lleno de anuncios blancos con fotografías de casas para vender y alquilar (siempre me pregunto por qué la gente se para, como yo mismo hago, a mirar esos anuncios, aunque no quiera alquilar, vender ni comprar).

Esta secuencia confirma que el cerebro confecciona los recuerdos con retales. El edificio de la inmobiliaria no estaba en la memoria cuando empezó la fábula del recuerdo hace apenas unos segundos. Todo comenzó con la puerta roja y la verja de hierro. El escaparate de la inmobiliaria apareció, súbitamente, en medio de la imagen, ya avanzada la recomposición, como una pieza suelta del jeroglífico. No estaba, aparentemente, en ninguna parte.

Ahí, en ese mecanismo preciso, se sustenta toda una vida. De ahí parte todo o casi todo. En relación a esta pieza suelta reconstruimos el pasado y con ello hemos diseñado el andamio necesario para poder articular y esbozar el futuro. Tanto si miramos adelante como atrás somos memoria del pasado.

Hemos descubierto que imaginar el futuro y recordar el pasado son entramados muy parecidos. La memoria no sólo sería vital para recordar lo que aconteció —eso lo sabíamos de sobra—, sino también para anticipar el futuro. Ver e imaginar son cosas muy parecidas. Nuestra memoria no es sólo un fiel registro de las experiencias vividas. El cerebro crea, completa e inventa para dar coherencia al pasado. Pero lo que ahora se está demostrando es que si la memoria nos falla y nos juega malas pasadas, es para unificar mejor nuestro yo presente con el del pasado y el del futuro.

Schacter me contó que había realizado un experimento sencillo en el que le pedía a alguien que recordara, por ejemplo, una experiencia que había tenido en el pasado que implicara una mesa, y luego imaginara una experiencia que pudiera tener en los próximos días o semanas que también implicara una mesa. En ambos casos se activaban regiones cerebrales similares y en la misma medida. Y las imágenes que reflejaban la actividad cerebral eran parecidas.

Es impresionante constatar, una y otra vez, que la separación supuesta entre futuro y pasado, entre vida y no vida, entre lo que está inerte y lo que está vivo es cada día más borrosa. Son alucinantes las conclusiones que señalan la activación simultánea de áreas cerebrales idénticas para recordar e imaginar. Entre otras cosas, habría que reconsiderar quién es más sabio: ¿el que se olvida de su pasado e intenta inventar su futuro o el que, manipulando como nadie sus retazos de pasado, consigue reconstruir su futuro?

Cómo gastamos la energía cerebral

Ahora que conocemos la importancia de la memoria, nos podemos fijar en la energía que consume nuestro cerebro. Cuando se mide la cantidad de energía, en este caso de oxígeno, que consume el cerebro de un individuo cuando intenta resolver un arduo problema matemático, resulta que apenas hay consumo, ni le molesta; si acaso, le distrae de otras ocupaciones que no sabemos cuáles son. Entonces, ¿en qué consume el 20 por ciento de la energía total disponible este órgano misterioso que sólo representa el 2 por ciento del peso promedio de una persona?

A la luz de lo que antecede es lógico que a mis amigos neurólogos siempre les repita la siguiente pregunta. ¿Es cierto, como decís algunos de vosotros, que el cerebro es el órgano más sofisticado, no sólo del planeta, sino de todo el Universo? O, por el contrario,

¿me tengo que creer a aquellos de vosotros que os referís al cerebro como a un órgano extremadamente imperfecto fruto de la evolución y el miedo? ¿En qué quedamos? ¿El cerebro es fabuloso o es mediocre?

Es cierto que al cerebro le hemos entregado las llaves de todos los resortes corporales. En términos evolutivos se ha pasado de una situación en la que unas mandíbulas, unos brazos y unos caparazones portentosos se apoyaban en un cerebro diminuto, a una fase, como la actual, en la que un cuerpo diminuto, incluido el estómago y los sistemas defensivos, no sólo se apoya en un cerebro sobredimensionado, sino que se deja dirigir por él. Será por algo.

Aun así subsisten enormes dudas. Neurólogos, como Marcus Raichle, están profundizando, por primera vez, en qué consume el cerebro la cuantiosa energía que gasta. Sus investigaciones nos están dando una respuesta cuestionada también por otros científicos. Veamos.

Según Raichle, en momentos en que no pensamos en nada, dos áreas en concreto de nuestro cerebro se dedican a pensar por nosotros, sin que nos demos cuenta. Son el hipocampo y la corteza prefrontal. El hipocampo gestiona nuestros recuerdos personales, nuestro pasado. La corteza prefrontal se encarga de decidir nuestras motivaciones y hacer planes para el futuro. El diálogo entre ambas es lo que Marcus Raichle denomina «red por defecto», y conlleva un elevado consumo de energía. Se trata de una función subyacente, que siempre está ahí, una actividad interna intrínseca más relacionada con la vida mental interior que con el mundo que nos rodea, y que nos ayuda a especular sobre el futuro.

Así, el cerebro sirve, sobre todo, para alertar e imaginar lo que se nos viene encima. Ahora bien, volvemos a movernos en aguas extremadamente movedizas. Uno de los consensos mantenidos hasta ahora por la comunidad científica ha sido que somos muy malos predictores del futuro. Grandes especialistas como Nassim

Taleb, autor del bestseller *El cisne negro*, han demostrado lo mediocres que somos cuando se trata de imaginar lo que va a ocurrir mañana. La prueba más innegable es la actual crisis económica mundial.

Afortunadamente, la revolución tecnológica iniciada a comienzos de los años setenta está permitiendo contemplar lo que pasa en el cerebro en directo. Falta muy poco para saber el final de la película. Raichle coincide en que los humanos hemos hecho predicciones del futuro que han salido muy mal, y eso hace daño, pero él prefiere destacar algunas actividades cerebrales cotidianas que hacemos de forma automática pero que implican haber hecho caso a una predicción. Un ejemplo es una conversación entre dos personas. Nuestro cerebro solamente piensa en el contexto de la conversación, no en los detalles. Y lo mismo puede afirmarse de cosas como levantarse, andar u otros tipos de comportamientos que el cerebro organiza basándose en predicciones. Antes de decir que el cerebro predice mal deberíamos darnos cuenta de todos los detalles que controla sin ningún aspaviento.

Ahora bien, el cerebro está a oscuras y debe de cansarse fácilmente de descubrirnos los detalles para que no nos demos de cabeza contra la pared. No tenemos más remedio que constatar que el cerebro consume el grueso de su poderosa energía en otros quehaceres o escenarios como los de elucubrar, imaginar, alucinar, soñar e inventar en lugar de perderse en lo que nos rodea.

Cómo funciona la memoria

Ahora que ya conocemos en qué gasta el cerebro su energía, es preciso admitir que no nos podemos fiar siempre de la memoria. Cuando se trata de recordar los grandes trazos de una historia, no hay problema; pero de ningún modo nos podemos fiar cuando se pretende profundizar en el conocimiento de las cosas y medir con precisión lo ocurrido. La mente y, muy particularmente, la memoria, no funcionan como un ordenador con sus archivos para cada cosa.

Ya hemos visto que no se sabe dónde archivamos las experiencias en la memoria. El psicólogo de la Universidad de Nueva York, Gary Marcus, asegura que están en algún lugar del hipocampo y la corteza prefrontal.

Como le digo yo, medio en broma, medio en serio, al amigo cuyo nombre se me acaba de escapar del recuerdo: «Lo siento, pero todos los nombres están arrejuntados en este lado del cerebro y a veces baja Jaime en lugar de Ernesto o no baja ninguno». Marcus dice que todos nuestros recuerdos están apelotonados y el problema es que si quieres elegir uno en concreto, no tienes ese lugar al que ir para recordar lo que está ahí.

Profesionales muy serios de la psicología y neurología se están cuestionando por ello, seriamente, la validez de lo que cuentan los testigos en los juicios. Si los jueces conocieran los mecanismos de la memoria como los conocen los neurólogos, dejarían de llamar a los testigos porque sabrían que no pueden fiarse de sus testimonios.

El profesor Daniel Schacter divide los tipos de olvido en tres categorías. La primera es la que él llama «transitoriedad» y tiene que ver con algo que todos conocemos, y es que los recuerdos tienden a debilitarse con el tiempo. Son transitorios, efímeros, se desvanecen con el paso del tiempo, si no hay refuerzo de las conexiones creadas durante su formación. Hay un segundo tipo de olvido que llama «distractibilidad», que es cuando olvidamos, por ejemplo, dónde hemos dejado las gafas. Normalmente, ponemos las gafas en cualquier sitio sin prestar atención a lo que hacemos y si no prestamos atención a lo que hacemos, ese momento nunca llega a la memoria y no lo puede almacenar. La última clase de olvido es la que él denomina «bloqueo» y se refiere a las veces en que podemos tener la información almacenada en la memoria, haber prestando atención y al intentar recordar no sale porque se ha bloqueado.

Los psicólogos como Gary Marcus aseguran que los humanos usamos pistas o recordatorios para evitar estos olvidos. Es lo que califican como el sistema de archivo de la memoria contextual. En otras palabras, es el contexto en el que se produjo el hecho vivido, la llave del recuerdo que sirve de pista o recordatorio.

En el verano de 2007, me encontraba en Londres finalizando los últimos retoques de *El viaje al amor.* Ajenos los terroristas islamistas a mis reflexiones amorosas, cometieron unos atentados criminales en el metro que causaron numerosos muertos. Estaba tan absorto analizando la documentación disponible sobre el libro que no tenía tiempo ni para poner la televisión o salir a comprar el periódico. Tuvieron que transcurrir varias horas desde el atentado para que yo me enterara de aquella tragedia mediante la llamada de amigos y familiares desde España que se interesaban —¡ante mi sorpresa!— por mi estado de salud. «¿Estás bien? ¿Te ha pasado algo? ¿No estabas cerca del metro?», me preguntaban.

Cuando puse la televisión, pude contemplar la riada humana que volvía a casa andando sin utilizar el famoso metro de Londres. Mi memoria —contextual, desde luego— no olvidará jamás aquellas imágenes ni aquel recuerdo. La alarma sellada en los rostros de la gente de la calle y, al mismo tiempo, la convicción que emanaba de ellos de que los terroristas no conseguirían cambiar el rumbo de la vida británica. El contexto es lo que cuenta y cuanto más llamativo, mejor.

Tanto es así que ya hemos aprendido los trucos para no perder, en promedio, una hora al día buscando las llaves o pensando dónde dejamos el móvil. Tenemos que recurrir a trucos como los minuciosos listados de los comandantes antes de despegar el avión, el de repetir sin cesar los días o los lugares —son verdade-

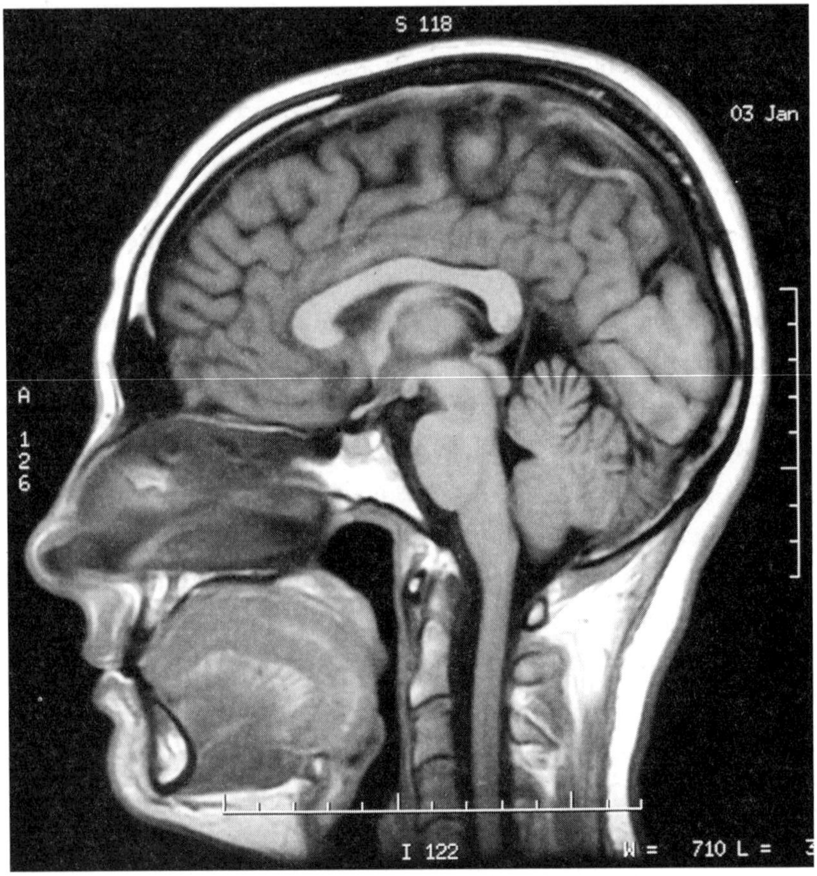

Los científicos todavía no han descubierto en qué parte del cerebro se almacenan las experiencias en la memoria.

ros escondrijos para la mente— donde dejamos los objetos que no queremos olvidar: las llaves, en el bolsillo izquierdo; el móvil, en el derecho; o la gimnasia, los miércoles por la tarde.

El cerebro no distingue la causa del dolor

Importa más el impacto que tienen los sentimientos abstractos que los físicos y concretos como, por ejemplo, la sed o el hambre. Los dolores causados por motivos sociales —como un desamor—

o los placeres de igual naturaleza —como aprobar una oposición— activan idénticos circuitos cerebrales que los estímulos fisiológicos, básicos para sobrevivir, como la práctica del sexo.

Se está confirmando, pues, la sospecha de que el cerebro trata con la misma deferencia o indiferencia, según se mire, experiencias sociales y abstractas como una falta de reconocimiento social y conductas físicas tan concretas como saciar el hambre o morir de sed.

Lo que está sugiriendo la ciencia, ni más ni menos, es que el mundo de los sentimientos y la historia del pensamiento inciden en el corazón de la gente de igual manera que una hambruna o el calentamiento global. ¿Entonces por qué nos ocupamos menos de los primeros que de los segundos? Y, si eso es cierto —y ya no puede negarse que forma parte del pequeño y modesto acervo científico—, deberían matizarse muchas de nuestras convicciones o, cuando menos, alterar lo que yo llamo nuestra «estrategia de compromisos».

No es seguro, por ejemplo, que nuestra supervivencia dependa en mayor medida del famoso cambio climático que de nuestro reconocimiento individual por el resto de la sociedad; de saber, en definitiva, si me odian o me aman. Es mucho menos probable de lo que se creía hasta ahora que nuestras necesidades fisiológicas revistan un grado de urgencia mayor que nuestros sentimientos. El misterio no desvelado todavía es por qué el cerebro trata igual la necesidad afectiva que la física. Todo el mundo entiende que la falta de alimentos y de agua o las temperaturas extremas causan dolor. Pero ¿por qué utiliza el cerebro el mismo sistema neurológico para abordar privaciones y recompensas físicas que privaciones y recompensas morales?

Un equipo de científicos liderado por H. Takahashi, de la Universidad de California, sugiere que existen razones evolutivas de supervivencia de la especie que explicarían dicho comportamiento. Ya hemos visto que en los mamíferos —y muy particularmente en los humanos— es muy elevada la dependencia de los recién nacidos. El precio pagado por disfrutar de una inteligencia mayor que el resto de los mamíferos cuando se es adulto implica dedicar los siete primeros años de la vida al aprendizaje y a formar la imaginación, en régimen de una especie de departamente de I+D todo pagado, por supuesto, incluidos los gastos sanitarios.

Sin la dedicación de un cuidado específico, que sólo puede emanar de sentimientos y afectos sociales, ningún recién nacido podría sobrevivir. En este sentido, los sentimientos sociales preceden a la cobertura de las necesidades físicas y concretas, como dar de comer, calmar la sed o proporcionar la temperatura adecuada. Es muy discutible que sin esos sentimientos sociales pudiera darse luego la compensación física necesaria para sobrevivir. El cerebro acierta en dar a los primeros la misma prioridad que a la segunda. Esta vez, la evolución optó por la alternativa adecuada. Ahora, sólo hace falta que todos nosotros nos comportemos de igual manera.

Cómo nos afecta una depresión

Estamos empezando a conocer las raíces de la depresión y empezamos a reconocer la cruda realidad: es una enfermedad. Parece ser que es el resultado, entre un 30 y un 40 por ciento, de condicionantes genéticos. El 60 por ciento restante se debería al entorno. Por supuesto, existen problemas y circunstancias acuciantes que generan depresión, como los abusos sexuales en la infancia, el abandono o determinadas coyunturas familiares difíciles. En otras ocasiones, el entorno que propicia la depresión en la madurez de las personas puede ser mecánico, por ejemplo debido a disfunciones prenatales del feto en el útero materno.

Nos enfrentamos a un puzle compuesto de muchas piezas, todas ellas determinantes para nuestro desarrollo y equilibrio. Siempre han existido indicios de que las hormonas actúan de un modo peculiar en las personas que padecen depresión. También se ha descubierto la importancia de los neurotransmisores, como la serotonina, la norepinefrina o la dopamina, palabras que se incorporaron al vocabulario científico junto a otras como *Prozac* o *Celexa*, posibles remedios que atenúan estos desarreglos moleculares en el cerebro, causantes de diversos trastornos psicológicos. Y si comprobamos los nuevos estudios sobre la genética de la depresión, éstos indican que existen grupos de personas privilegiadas cuyo cerebro maneja de forma insólita la serotonina. Resulta improbable que estas personas lleguen a padecer una depresión.

Más recientemente, los científicos han empezado a observar que la depresión produce cambios anatómicos en el cerebro. Se ha detectado, por ejemplo, que puede reducir el volumen de la parte del cerebro que llamamos hipocampo hasta un 10 por ciento. Existen investigaciones que demuestran que el de ciertas mujeres deprimidas se encoge proporcionalmente al número de días que han estado privadas de tratamiento médico. Ahora sabemos, además, que con sesenta, setenta u ochenta años se fabrican nuevas neuronas en esta zona cerebral. Este fenómeno también se observa en algunos de los tratamientos que se aplican contra la depresión —el Prozac, el electroshock y el litio— que tienen este mismo denominador común: estimulan la producción de nuevas neuronas o de conexiones neuronales en el hipocampo. A pesar de que la eficacia de estos tratamientos varía, algunos investigadores creen que son absolutamente necesarios porque estimulan el crecimiento de las conexiones en el hipocampo.

Sabemos algo más acerca de la depresión: no incide solamente en los órganos cerebrales, sino también en los huesos, en la sangre y hasta en el sistema vascular. Incluso si decidiésemos no catalogar los problemas mentales como enfermedades, tendríamos que seguir considerando la depresión como tal por sus efectos en el corazón y en los vasos sanguíneos. Si una persona tiene un ataque al corazón y está deprimida tras el infarto, tendrá el mayor factor de riesgo individual de cara a sufrir un nuevo ataque. Las personas depresivas tienen entre dos y seis veces más posibilidades de sufrir una cardiopatía que la gente que no la padece. Las mujeres deprimidas tienen menos calcio en los huesos, sus glándulas hormonales sufren anomalías, el estado de las plaquetas en la sangre difiere del de las personas sanas... Se trata de una enfermedad invasora, como la diabetes, que afecta a todos los órganos del cuerpo.

Las infinitas versiones de la realidad

Hay cosas que damos por descontado, como que todo el mundo ve la realidad igual que nosotros. Todos contemplamos el esplendor rojizo de una puesta de sol sin ser conscientes de que el color rojizo varía según los casos. Todos oímos un sonido determinado, sin darnos cuenta de que algunos ven, al mismo tiempo, un color vinculado al sonido. Todos vemos el universo, pero no todos percibimos la visión estereoscópica, es decir, la dimensión en profundidad. Admitimos más fácilmente que no todos experimentamos lo mismo cuando acariciamos un cuerpo querido.

Partimos de algo incierto: una percepción que tiene un soporte material —como unas ondas magnéticas que transmiten un sonido si se trata de un alarido—. Pero dicho soporte material está muy alejado de la palabra o sensación fabulada por nuestro cerebro. Los objetos representados por nuestras palabras o sensaciones son muy distintos del soporte material que los sustenta. Partimos de una hipótesis que la mente lanza y que puede o no coincidir con la realidad.

No digamos ya cuando se trata de percibir algo o a alguien gracias a una información que puede ser más o menos fundada según los casos. Estoy pensando, por ejemplo, en vaticinar si Estados Unidos seguirá siendo la primera potencia mundial durante todo este siglo o si, por el contrario, le ganarán la partida Rusia, China, México o Polonia. O tal como me dijo, con rostro sombrío, un vecino de asiento en el AVE en el trayecto Madrid-Barcelona: «Si no defendiera mis convicciones, sería un cobarde». A lo que yo respondí: «Tal vez tu percepción de cobarde puede no coincidir con la realidad, de la misma manera que la palabra gato no tiene, necesariamente, ni el color ni la forma del animal que representa».

Mi vecino estaba intentando convencerme de que iba a enfrentarse con quien hiciera falta para defender sus convicciones por alguien ultrajadas y sostenía que estaba dispuesto a todo. Yo intentaba transmitirle, sin éxito, algo que aprendí hace más de una década en el despacho de uno de los mayores neuropsicólogos del mundo, Richard Gregory, en la ciudad de Bristol, Gran Bretaña. Estamos convencidos de que la percepción que tenemos del mundo exterior es la correcta. Creemos a pies juntillas lo que estamos viendo. La verdad es que no hay nada más incierto.

¿Somos conscientes de que se ha probado científicamente que no todo el mundo ve idéntico color rojizo en una puesta de sol? No sólo el rojizo: sencillamente, no todos vemos igual los distintos colores, que, además, no existen en el universo por mucho que pese a los artistas; los colores los fabricamos nosotros.

Para representar la realidad, nos servimos de palabras o de sensaciones. Es indudable que las palabras, como sugería antes, no tienen ni la forma ni el color de lo que representan: cuando decimos «zapato», o «tenedor», estamos recurriendo a un vocablo que no se parece en nada al objeto que representa. La palabra en cuestión no tiene ni la forma ni el color de un zapato o un tenedor y, sin embargo, representa esos objetos. Igual ocurre, o puede ocurrir, con las sensaciones.

Es posible que la percepción que tenemos del universo no sea una ilusión, pero lo que estamos sugiriendo es que la ciencia no es tan objetiva como parece y como a veces se le atribuye.

Yo, por ejemplo, me he encontrado con personas que, después de haber visto un programa hecho por mí y mi equipo de jóvenes científicos para la televisión, descubrieron por primera vez que eran sinestésicos; es decir, que podían oír colores o ver sonidos. No sólo asociaban un color a una música o un número; los veían. Otros, simplemente, atribuían a cada número un color; el siete era el rojo. ¿Somos conscientes de que muchas personas no se han enterado ni de que les está negada la visión estereoscópica del mundo? En lugar de ver en profundidad lo que los rodea, su mundo es plano; gracias a ciertos indicios, pueden aclararse e ir por la vida intuyendo que existen espacios que no ven, mucho más bellos, alambicados y hermosos.

Si la hipótesis lanzada por nuestra mente coincide con la realidad lo sabremos recurriendo a los datos almacenados en la memoria y a nuestra capacidad para aprender en el futuro. Con estas dos claves urdiremos nuestra visión de la realidad.

El talento se puede inventar

La ciencia, a medida que va irrumpiendo en la cultura popular, ofrece respuestas a las mujeres y los hombres de la calle, que antes debían buscar en los protagonistas del pensamiento dogmático o en los brujos. La búsqueda del talento y la creatividad es un buen ejemplo.

¿Han oído hablar de la capacidad metafórica? Es el primer requisito del talento; la especie humana se supone que lo desarrolló hace unos cincuenta mil años. El primer día que uno de los homínidos cazadores recolectores exclamó «¡Mi hijo es más fuerte que el hierro!» estaba activando un don insospechado de mezclar dominios cerebrales distintos como el biológico —el hijo— con el dominio, hasta entonces separado, de los materiales —en este caso, el hierro.

Cincuenta mil años después, los catedráticos utilizan una palabra para el mismo don: multidisciplinariedad. Sin ejercicio del poder metafórico o multidisciplinar no hay talento que valga.

Para abordar el segundo requisito imprescindible del talento hay que saber que en el cerebro existen unos circuitos por donde se activan los llamados inhibidores latentes. Las personas a quienes les funcionan adecuadamente pueden leer una novela en un tren abarrotado de gente. Se inhiben del mundanal ruido y pueden concentrarse en la lectura de la novela. Ya sabemos que ocurre igual con los enamorados. En este caso, sus inhibidores latentes les funcionan demasiado bien, hasta tal punto que se abstraen de todo lo demás y sólo pueden concentrarse en los supuestos atributos de la amada o el amado. Sirve de poco alertarlos de peligros reales sobre la conducta del ser amado. Sólo ven sus virtudes y se inhiben del resto.

Sin inhibidores latentes como éstos, es decir, aquellos que permitan asimilar información o conocimientos procedentes de lugares dispares, como ocurre con los artistas, no hay talento que valga.

Durante mucho tiempo se creyó que el talento era el fruto de una reflexión. Nunca se habían analizado científicamente los mecanismos intuitivos. La intuición no se consideraba siquiera conocimiento. No te podías fiar de la intuición. Más tarde, el análisis científico demostró que gran parte de la historia de la evolución transcurrió a golpe de intuición. Cuando no había tiempo para ponderar distintos factores, se tomaban decisiones intuitivamente; y la verdad es que, poco a poco, se pudo constatar que el margen de error en los procesos automatizados no era mayor, sino todo lo contrario, que el de los procesos discriminatorios, cuando había tiempo para pensar.

En los últimos años, la ciencia ha ido más lejos y ha llegado a la conclusión de que, en determinados casos, es mucho más segura la intuición que la razón. ¿Cuándo? Cuando no se dispone de toda la información necesaria. En muchas ocasiones, menos información es mejor que mucha información. Un ejemplo: ¿Qué población tiene más habitantes, Toledo o Guadalajara? Si la pregunta se hace a españoles, que sobre este particular tienen bastante información, la opinión estará muy dividida. Si la misma pregunta se hace a ciudadanos franceses que han oído hablar de Toledo alguna vez estudiando la historia, pero poco más, el porcentaje de aciertos en las respuestas será, con toda probabilidad, más cercana a la realidad: Toledo.

El talento depende, por último, del coeficiente intelectual. De lo listo que sea uno. Eso es lo que se había creído siempre. Pues es falso. Resulta que el mejor jugador de *hockey* sobre patines lo es porque le ha dedicado al tema un promedio de diez mil horas. Lo mismo que el primer jugador de baloncesto del mundo. Lo mismo que Bill Gates a la programación de ordenadores. Sin dedicación y esfuerzo no hay talento que valga.

¿Realidad o ciencia ficción?

Son varios los lectores que vieron en televisión ese experimento al que me sometió el neurólogo Álvaro Pascual-Leone en la Universidad de Harvard y que querrían saber más. Se lo contaré.

Pacual-Leone me quería enseñar el principio fundamental de la posibilidad de modificar la actividad de las neuronas y una de las técnicas para hacerlo, me explicó, es la llamada estimulación magnética transcraneal, que fue la que utilizó conmigo.

Antes de empezar el experimento le pregunté, entre risas, si lo que iba a hacer conmigo me iba a transformar en un salvaje, ya que había oído que se hacían experimentos de este tipo para domesticar animales. En mi caso, pues, tal vez iba a pasar de domesticado a salvaje.

Me explicó que me iba a estimular el hemisferio izquierdo para que viese cómo se movía mi mano derecha sin que yo diera esa orden. Me advirtió de que oiría un clic cuando la corriente pasara por una bobina y que notaría un golpecito en la cabeza, aunque mi cerebro no iba a sentir nada.

Efectivamente, el experimento funcionó porque mi brazo se movió sin que yo se lo ordenara. «¡Incomprensible! ¡Perfecto! ¡Perfecto!», gritaba yo de alegría al verlo. Mediante corrientes transmitidas al lóbulo cerebral izquierdo a partir de un campo magnético, mi brazo derecho se había puesto en movimiento sin que nadie —¡desde luego yo no!— le hubiera dado instrucciones para ello.

Este experimento me causó una gran sensación y me llevó a preguntarme a qué otras cosas de orden más práctico podría aplicarse esta técnica.

Actualmente, ya se ha constatado que estas técnicas de activación pueden estimular zonas motoras de sujetos con un infarto cerebral, que por ejemplo no pueden mover la mano, o zonas frontales del cerebro para modificar la capacidad de la gente de tomar decisiones o para conseguir que las decisiones sean más altruistas, más generosas; también se pueden usar para que enfermos que tienen trastornos de personalidad, con personalidades sociopáticas, empiecen a mostrar más empatía ante determinadas situaciones. Si se trata de combatir adicciones a la nicotina, a la cocaína o a la comida, se pueden modificar los circuitos de recompensa para que se reduzca la actividad excesiva que se manifiesta en esos circuitos en los cerebros de los adictos. El límite consiste en identificar el circuito. La fuente original de todo esto es ese concepto tan importante que vengo repitiendo: la plasticidad cerebral, esta característica que hemos analizado y que nos permite empezar a vislumbrar por dónde puede ir el futuro del cerebro.

Podemos imaginar situaciones rayanas en la ciencia ficción que, sin embargo, entran dentro del campo científico. Podríamos intentar modificar las decisiones morales. Es obvio que una situación es moral, o no, dependiendo de la intencionalidad del sujeto. Podría ocurrir que un médico suministrara un medicamento a un paciente y que éste muriera por culpa de una alergia insospechada. El médico no era consciente del peligro. Pero podría ocurrir lo contrario: que administrara un fármaco envenenado para matar al paciente. Si se pregunta a cualquier persona qué situación es peor, contestará sin dudarlo: «¡Lo segundo!..., porque había intención de matar al paciente; no fue una muerte accidental». Los experimentadores podrían conseguir que la gente ya no tuviera ese sentimiento innato. Se podría conseguir que los adultos se comportasen como niños: los niños sólo se fijarían en si el paciente ha muerto o no, al margen de la intencionalidad del caso. Y es que en su caso la intencionalidad no se entronca hasta mucho más tarde, hacia los siete u ocho años, cuando, gracias a ella, se desarrolla la capacidad de empatizar con los demás.

Andrés Lozano, neurocirujano e investigador en el Western Hospital de Toronto (Canadá), me contó sus experimentos fascinantes con el cerebro para intentar detener la progresión del Parkinson o mejorar la depresión. Lozano usa la técnica de estimulación cerebral profunda que consiste en estimular el cerebro mediante electrodos que crean una corriente eléctrica. Para conseguirlo, Lozano explica que «hay que penetrar en las profundidades del cerebro para colocar los electrodos y poder modificar la actividad de los circuitos del cerebro. Y podemos hacer dos cosas: o bien aumentar la actividad de un circuito cuyo funcionamiento es insuficiente, o bien utilizar la electricidad para mitigar un circuito que funciona demasiado o que no va bien». Para ello, «perforamos un agujerito en el cráneo, anestesiamos la piel, trepanamos, y luego colocamos e implantamos un electrodo cuyas dimensiones apenas son las de un espagueti. Podemos colocar el cable en cualquier lugar del cerebro. Ninguna neurona está a salvo de un neurocirujano. Se pueden colocar electrodos en los circuitos que controlan el movimiento, y la visión, y los pensamientos, o la memoria». Lozano sólo trata a pacientes que hayan agotado todas las posibilidades, como en el caso de enfermos de Parkinson, a quienes ya no les funciona la medicación, o enfermedades como la depresión, que se pueden abordar introduciendo electrodos en los circuitos cerebrales que controlan el estado de ánimo. Según este neurocirujano, el área del cerebro que es responsable de la tristeza se encuentra en el centro y se la conoce como área cingulada subgenual. En pacientes con depresión, este centro de la tristeza se pone a trabajar a toda marcha. Lozano explica que, «si colocamos electrodos ahí, observamos cambios, no solamente en esa zona, cuya actividad se mitiga, sino en otras regiones del cerebro que antes funcionaban mal, como los lóbulos frontales, que vuelven a activarse, vuelven a funcionar».

Los últimos avances científicos

Hay mucha gente a la que le gustaría saber en qué campos se van a producir acontecimientos insospechados. ¿Dónde se van a producir mejoras incontestables que van a cambiar dramáticamente la vida de la gente? Desechemos, primero, las supuestas mejoras en campos donde los adelantos apenas serán perceptibles. La política —en contra de la opinión de muchos— no va a cambiar la vida de la gente. Se trata de estamentos oxidados, donde las barreras de entrada son infranqueables, imposibilitando, por lo tanto, los mecanismos de innovación.

Tampoco las nuevas prácticas en la biotecnología y la genética aplicadas a la gente de la calle van a introducirse con el ritmo esperado. Aquí, las dificultades en la comunicación entre los sectores científico e industrial son responsables de que el abismo entre la innovación científica y su aplicación concreta se prolongue durante decenas de años. Habrá que seguir esperando.

También llevará más tiempo de lo esperado la creación de un mundo paralelo construido átomo a átomo, de abajo arriba, como sugiere la disciplina de la nanotecnología. Los especialistas han logrado avanzar en algunos campos, como la imitación de modelos de la naturaleza, particularmente del mundo bacteriano, pero el gran salto adelante está condicionado por nuestra capacidad, todavía no probada, de activar procesos de autoensamblaje similares a los procesos moleculares responsables del origen de la vida.

Todo apunta, pues, a que los cambios insospechados y realmente revolucionarios se van a dar en la activación de los mecanismos cerebrales. Durante un largo período de la evolución, las especies parecían progresar conforme a un mecanismo de perfeccionamiento electromecánico. Los reptiles y luego los mamíferos, y entre estos últimos los primates y los homínidos, parecían funcionar cada vez mejor, tal cual un aparato o robot en perfeccionamiento constante. Pero a partir de un momento determinado dejamos de prefigurar un sistema de perfeccionamiento parecido a una máquina. Literalmente, entregamos las llaves del futuro al cerebro.

De pronto cambian los caminos, las estrategias, los ritmos de crecimiento. La profundización paulatina en los trillones de sinapsis entre las neuronas pone de manifiesto unos equilibrios y descompensaciones que afectan a la percepción que tenemos del mundo, las redes sensoriales y los mecanismos emocionales. Resulta que la tecnología necesaria para medir estos procesos ya está, prácticamente, disponible y que cada paso adelante nos deja asombrados y sin palabras.

Por primera vez en la historia de la evolución empezamos a saber lo que, de verdad, nos pasa por dentro. Esto nos permite derivar hacia los grandes postulados —como el de que nuestra percepción del mundo es el resultado de una configuración cerebral— y entender por primera vez fenómenos específicos y concretos como el síndrome de Guillain-Barre, un desorden autoinmune —el sistema inmunológico se ataca a sí mismo— que destruye cualquier referencia del tacto en los afectados.

Ahora empezamos a conocer los mecanismos de las percepciones sensoriales; resulta fascinante constatar que a niveles superiores del cerebro las señales visuales, acústicas, táctiles u olfativas y gustativas llegan al cerebro en una impronta digital idéntica. No hay diferencias aparentes entre ellas. Varias investigaciones en marcha por todo el mundo están intentando, a partir de la observación de la activación de determinados circuitos cerebrales, deducir los contenidos del vídeo que está viendo el paciente. Y están muy cerca de conseguirlo. ¿Para cuándo poder leer la mente de los demás? Richard Haier, un prestigioso neurocientífico de la Universidad de Nuevo México, explicó que hay varias investigaciones en curso que intentan analizar imágenes del cerebro para ver cómo cambian mientras alguien ve un vídeo, por ejemplo, para luego analizar si solamente con las imágenes del cerebro se puede descubrir qué es lo que está viendo la persona. Sería como leer la mente. La posibilidad de hacerlo está ahí; lo que no sabemos es cuánto tiempo se tardará en lograrlo.

Itinerario 5

Lo que nos pasa por dentro

El impacto del alma sobre el cuerpo

¿Quién tiene la culpa de lo que nos pasa por dentro? ¿La suerte o la mala suerte? ¿El sistema nervioso, que nos permite imaginarnos felices o desgraciados?

La respuesta no es sencilla porque los seres humanos, sus sociedades y las relaciones con el entorno son algunos de los sistemas más complejos que conocemos. La genética no nos basta para explicar el comportamiento humano. Los genes están ahí, pero no propician actuaciones: definen las potencialidades. El comportamiento real depende de las condiciones externas, ambientales y sociales. Pero, sobre todo, también nuestra mente puede influir en nuestro cuerpo.

¿Por qué no podemos dormir si estamos nerviosos? ¿Por qué nos duele la cabeza si mantenemos una fuerte discusión? ¿Por qué una película nos hace llorar? Cuando el cerebro actúa, nuestro cuerpo se beneficia o se destruye. Nuestros cerebros operan conforme al pensamiento, la memoria, las emociones, la imaginación, y cuando pensamos en algo funesto funcionamos mal: estamos proporcionándole al cuerpo sustancias para un desgaste innecesario.

Algunas personas se destruyen activando los mecanismos del estrés: sus preocupaciones imaginadas acaban convirtiéndose en un problema serio. Hay estudios que confirman que algunas partes del cerebro quedan devastadas por pensamientos y preocupaciones que no tienen nada de reales. El estrés puede matar neuronas de una parte del cerebro llamada hipocampo, que es decisiva para el aprendizaje y la memoria. Esa región es la zona que aparece dañada en los enfermos de Alzheimer. Y esa zona es la que se ve más afectada por las hormonas del estrés.

Parece que las personas con una depresión clínica grave, que se ha prolongado durante años, tienen niveles elevados de hormonas del estrés —hidrocortisona— y presentan, como ya hemos visto, una disminución del hipocampo, con los problemas de memoria que ello conlleva. Cuanto más dura la depresión, tanto mayor es la disminución. Y esto empieza a sugerir que el estrés no sólo tiene relación con el funcionamiento del cuerpo, sino que podría ser el motivo por el que unos cerebros envejecen más rápido que otros.

Hay más. No sólo nuestro cuerpo y cerebro influyen en la conducta, sino que también son relevantes el lugar donde vivimos o en qué ambiente crecemos. Una combinación genética que predispusiera a desarrollar un comportamiento agresivo se manifestaría infaliblemente en un entorno mafioso y violento. Podría no expresarse jamás en un ambiente transparente y solidario. Lo hemos comprobado con experimentos concretos efectuados con humanos y otros animales.

Los seres humanos, en fin, somos un puzle complejo en el que el significado del sistema global no se puede deducir de cada uno de sus componentes, por muy bien que los conozcamos. Es relativamente fácil saber cuáles son las piezas. Es más difícil encajarlas. Es muy difícil saber cómo se comportará la máquina porque el ser humano no es una máquina... todavía.

El poder de un insulto

Científicamente se ha demostrado que son necesarios cinco cumplidos seguidos para borrar las huellas perversas de un insulto. De esta manera, los que tienen la manía de contradecir siempre al que está delante muchas veces no gozan de tiempo suficiente para paliar el efecto perverso de su ánimo contradictor.

¿Cómo podemos aplicar en la vida cotidiana los resultados de este hallazgo experimental? Es evidente que los experimentos efectuados sobre los méritos relativos del cumplido pueden ayudar a mejorar la vida en común de la pareja. O, simplemente, a sacar las conclusiones pertinentes que pongan fin a la ansiedad generada en el contexto de esa convivencia.

La primera conclusión que se desprende de los experimentos sobre los efectos de la contrariedad provocada por el discurso agresivo se aplica a la pareja y a todas las demás situaciones que puedan contemplarse, como la vida en sociedad o la política. Antes de decirle a alguien: «Te equivocas de cabo a rabo, como siempre», habría que pensárselo dos veces.

El efecto de la palabra desabrida es más perverso que la propia sucesión de hechos. El impacto del lenguaje es sorprendentemente duradero. Es muy fácil constatar con los niños de tres o cuatro años los efectos indelebles de aprehender una palabra por escrito, de captar su significado plasmado mediante letras. Una actitud perversa la pueden imaginar con un dibujo sencillo —de un chimpancé empujando a otro al río o de una persona soltando una piel de plátano en la baldosa que está a punto de pisar un anciano—, pero en cuanto un niño ha aprendido a escribir «perverso» le quedará grabada para siempre esa palabra. El poder de la palabra escrita en los humanos supera todo lo imaginable. No me pregunten por qué.

Tal vez la palabra escrita comporta una dosis de compromiso

que nunca tuvo la palabra hablada, aunque lo pretendía: «Te doy mi palabra», se dice. Los acuerdos contractuales son de fiar cuando se explicitan mediante un texto escrito, y es recurriendo a su constancia cuando se pueden exigir comportamientos anticipados.

Decir lo que pensamos

Lo que estamos descubriendo —ahora que científicos como el psicólogo Richard Wiseman se adentran en ello— es lo que le pasa a la gente por dentro cuando se comporta de una manera determinada. Más de un lector se preguntará: «¿Es posible que durante miles de años hayamos prodigado menos cumplidos que acusaciones, sin saber que estábamos destruyendo la convivencia de una pareja o de una sociedad?». Ahora resulta que, después de años investigando las causas de la ruptura de una pareja, el porcentaje de las que desaparecen es mucho mayor cuando uno de los miembros es extremadamente tacaño en los cumplidos, costándole horrores admitir: «¡Qué razón tienes, amor mío!». Además, según Wiseman, hay una gran brecha entre lo que los hombres creen que les gusta a las mujeres y lo que les gusta a ellas de verdad y viceversa, porque no lo expresan. Los hombres piensan que las mujeres quieren a un tipo generoso, amable, atento, pero, de hecho, las mujeres dicen lo contrario: quieren a alguien que sea valiente. Y sucede exactamente lo mismo con los gestos románticos: algunos de los experimentos de Wiseman demuestran que los hombres creen que cuanto más se gasten en un regalo para una mujer, más lo valorará ella, y esto no es así en absoluto. Es la intención lo que cuenta para las mujeres, no el precio del regalo.

Que conste que los mismos experimentos están haciendo aflorar una sospecha centenaria. No sirve de nada mentir y buscar maneras alambicadas de hacer creer al otro que compartimos su criterio, estando a años luz de hacerlo. Cuando los consultores de parejas problemáticas aconsejan mayor recato, fórmulas envolventes que disfracen la situación real o sobreentendimientos subliminales, no consiguen engañar a nadie.

Siendo eso así, resulta inevitable preguntarse por los efectos sociales de que la mitad de la población esté siempre imputando al resto razones infundadas, taimadas, perversas, interesadas, para explicar su comportamiento. Será muy difícil no sacar la conclusión de que esas palabras calan hondo en la mente colectiva y acaban dividiendo en dos partes irreconciliables a la sociedad.

No podemos separar la vida de la muerte

«¡Qué!, ¿te vienes o te quedas?» La frase pertenece a un paciente de cáncer. Desde hacía tres años, este hombre prefería seguir residiendo en su casa, en Andalucía, y desplazarse cada tres semanas, cuando le tocaba la sesión de quimioterapia, algo más arriba en la geografía española para someterse al martirio que sólo conocen los que lo han vivido. Lo de menos es que uno se quede sin pelo, sin ganas de nada y, a veces, sin parte de la memoria.

«¡Qué!, ¿te vienes o te quedas?», le preguntaba con sorna a su *okupa* inseparable, el cáncer de pulmón. Y éste, por supuesto, terminaba acompañándolo siempre. Se habían convertido en inseparables. En lo que, realmente, ya eran antes de ser conscientes de ello: la hermandad fratricida y llena de esplendor a la vez entre la vida y la muerte. Cara y cruz de una misma moneda. Cuando una sube la otra baja, pero siempre una al lado de la otra. No es correcto separar vida y muerte de la manera tajante en que tendemos a hacerlo cuando nos creemos más despiertos que dormidos.

He descubierto, a partir de la experiencia anterior, que los pacientes más sabios procuran olvidarse del galimatías, pertrechado de miedos, fabricado por la propia comunidad científica, escaldada por la experiencia de ver cómo el cáncer y su compañera, la muerte, ahuyentaban los buenos espíritus y hasta la buena suerte. «En la medida de lo posible, procura no desvelar la existencia del cáncer», te dicen para amparar tu propia seguridad. El padre de una enfermera de oncología afectado por la enfermedad me ofreció otro testimonio, en cambio, de paciente sabio: «He sido muy feliz con vosotros durante toda mi vida. Y me voy muy feliz». Los dejó atónitos y boquiabiertos. De nuevo, lo que esta profesional me estaba sugiriendo es que tendemos a separar lo inseparable. Y que en la base de cualquier proceso está la eliminación paulatina del miedo como única manera de ser feliz y, por ende, creativo y solidario con los demás.

Mentes masculinas *versus* mentes femeninas

El cerebro tiene sexo. Eso parecen apuntar los últimos datos científicos. Y si el cerebro es distinto, resultará cada vez más difícil negar las diferencias entre mujeres y hombres. Yo le sugiero al lector que, antes de profundizar conjuntamente sobre este tema, recordemos algo fundamental: no es posible analizar el cerebro de los casi siete mil millones de habitantes del planeta; o sea, que tenemos que trabajar con datos experimentales promediados. No podemos decir nada sobre los casos individuales, porque una persona concreta puede ser típica o atípica para su sexo. Tal como le gustaba apostillar al propio Karl Marx: «Lo que es verdad de una clase, puede no serlo de un individuo».

La teoría clásica sobre la diferenciación entre cerebro masculino y femenino radicaba en la diferencia en el lenguaje —mejor en el promedio de mujeres— y en la habilidad espacial —mejor en los hombres—. Pero hay investigaciones que dan un paso más allá y encuentran un componente biológico, incluso genético, que hace que el cerebro tenga un sexo específico.

Una palabra clave aquí es la empatía, esa capacidad de reconocer las emociones y los pensamientos de otra persona, pero también de responder emocionalmente a los pensamientos y sentimientos de esa persona. La empatía es algo de lo que ambos sexos son capaces. Pero cuando se realizan pruebas, hay indicios de que las mujeres tienen un interés y un impulso mayor hacia la empatía. La neuropsiquiatra Louann Brizendine, de la Universidad de Stanford, asegura que «la zona de la unión temporoparietal, una región asociada con la empatía cognitiva y el procesamiento de la parte cognitiva de las emociones, está más activa en las mujeres» así como «el otro sistema de procesamiento de emociones del cerebro: el sistema de las neuronas espejo. Esta zona está presente tanto en el cerebro masculino como en el femenino, pero el cere bro de las mujeres tiene más neuronas espejo e incluye un sistema más activo de lo que se denomina empatía emocional. Es el sistema que se activa si miro a una persona y esa persona está sintiendo una emoción». Los hombres, en cambio, según esta neuropsiquiatra, «tienden a recurrir al sistema de neuronas espejo brevemente, y luego pasan al sistema de las uniones temporoparietales (TPJ, por sus siglas en inglés), que es el sistema de la empatía cognitiva, la que busca una solución».

Otra diferencia psicológica estriba en la sistematización, ese impulso de analizar un sistema: mecánico como un ordenador; natural como el clima; abstracto como las matemáticas o la música; o, incluso, un sistema que se pueda coleccionar, como una biblioteca o una colección filatélica. Un sistema tiene normas, y se puede esclarecer mediante la comprensión de esas leyes. Parece que a los hombres les interesan más los sistemas y su funcionamiento, como cuando abren el capó del coche para entender las distintas piezas del motor y cómo se relacionan entre sí.

La empatía implica pensar en las emociones y responder a las emociones de los demás. Las personas son sistemas, pero sistemas mucho más complejos y menos predecibles que los objetos inanimados. No salimos muy bien parados en este promedio los hombres.

El consenso científico en torno a la diferencia entre mujeres y hombres se inclina por una interacción entre la cultura y la biología. Sería absurdo negar el impacto cultural, pero tampoco debe olvidarse lo innato. De hecho, los científicos han encontrado pruebas de que las diferencias están presentes desde el nacimiento del bebé. Veinticuatro horas después del parto —cuando no ha habido tiempo para que impacte la cultura—, ya se han encontrado respuestas distintas a ciertos estímulos. Si se les colocaba en el campo de visión una cara humana y un móvil mecánico, la mayoría de los niños varones optaba por fijar la atención en el móvil, mientras que las niñas tendían a mirar la cara.

Incluso pueden rastrearse estas diferencias en el período anterior al nacimiento. Analizando la cantidad de testosterona, hormona masculina por excelencia, en el líquido amniótico del feto, los científicos han visto que los fetos con niveles particularmente altos de esta hormona dan lugar a niños que, al año y medio de nacer, tienen menos habilidades sociales. En cambio, los que tienen niveles bajos desarrollan mejor el lenguaje y la comunicación, favoreciendo la empatía, característica más femenina. Nuestra biología no sólo nos otorga un físico diferente, sino también un cerebro distinto.

Más diferencias entres mujeres y hombres

Los científicos saben que la forma biológica por defecto en la naturaleza es la femenina. Desde la concepción hasta las ocho semanas de vida fetal, todos tenemos circuitos cerebrales de tipo femenino. Después, los diminutos testículos del feto masculino empiezan a liberar enormes cantidades de testosterona que impregnan los circuitos cerebrales y los transforman del tipo femenino al masculino. El aumento de testosterona es el responsable del desarrollo de circuitos neuronales de conducta exploratoria y de la generación de movimientos musculares bruscos en los niños. En esa época, y durante la llamada pubertad infantil, que se extiende del mes tras el nacimiento hasta los dos años, los ovarios de las niñas liberan mucho estrógeno al cerebro, marcando pautas de comportamiento distintas. Es un tiempo del que todavía quedan por desvelar muchas incógnitas, sobre todo en lo que afecta a las consecuencias conductuales de estas diferencias, porque resulta complicado que una niña de dos años esté quieta durante un escáner o una resonancia magnética.

Como el cerebro femenino no se ve expuesto a tanta testosterona, las niñas nacen con circuitos femeninos en los que algunas zonas, como la del oído y las emociones, son mayores que en el masculino. En los hombres, en cambio, el espacio reservado al sexo es dos veces y medio superior al de las mujeres.

En la pubertad, época en la que los chicos tienen entre nueve y quince años, los niveles de testosterona aumentan y se multiplican por 25 —en biología, ésta es una cifra considerable—, y ellos empiezan a manifestar su conducta sexual a través de fantasías sobre la mujer. En esta nueva etapa, se desarrollarán circuitos nerviosos que llevarán al adolescente a la detección rápida de las hembras, al deseo sexual urgente, y al desarrollo de la agresividad, el desafío a la autoridad y de defensa de su territorio.

Esto no significa que al cerebro femenino no le interese el sexo. El aumento del estrógeno y, en menor medida, de la testosterona en el cerebro de las adolescentes las impulsa a querer ser sexualmente atractivas. Parece ser algo que sucede en todas las culturas.

Y la testosterona no siempre reina a sus anchas en el cerebro del hombre. Ésta sufre una serie de importantes modificaciones ante la paternidad. Según un estudio llevado a cabo en la Universidad de Harvard, los niveles de testosterona, que es la hormona de la agresividad y el deseo sexual, bajan con la llegada de la paternidad mientras suben los de otra hormona, la prolactina, responsable de la conducta protectora típica paternal. Se cree que estos cambios se deben a sustancias químicas procedentes del sudor y la piel de las embarazadas, que se transmiten por el aire hasta las fosas nasales de sus maridos, induciendo la formación de las conexiones nerviosas favorables al nuevo rol de comportamiento.

Estudios realizados con primates no humanos, como los macacos, demuestran que existen características específicas de cada sexo, como las conductas de juego: los niños suelen preferir juegos de peleas, mientras que las niñas se decantan por juegos más fantasiosos.

Existen indicios de que el estrés también podría afectar de una manera distinta al cerebro y la conducta de ambos sexos. En un experimento realizado con cabras, por ejemplo, se comprobó que las crías hembras estaban mucho más nerviosas que las machos si la madre estaba estresada.

También la inhibición emocional afecta a la excitación sexual en mayor medida en el caso de las mujeres que en el de los hombres. Para hacer el amor, ellas necesitarían poder desconectar en mayor medida de las preocupaciones que generan ansiedad. La verdad es que la vida social progresa por cauces ajenos a este descubrimiento biológico.

Las responsabilidades y los compromisos de la parte femenina de la población son cada vez mayores —a los tradicionales, como el cuidado de los hijos y las responsabilidades profesionales, se añaden otros nuevos, como los de representación en la política—, sin compensaciones evidentes en la organización social que neutralicen esta ansiedad, tales como guarderías infantiles de calidad y participación de toda la sociedad en las tareas de educación emocional de los hijos. Un toque de alerta para el futuro.

Los motivos de la infidelidad

Cuentan las malas lenguas que en los años veinte el presidente de Estados Unidos, Calvin Coolidge, estaba de visita oficial con su esposa en una granja. A cada uno se le asignó un itinerario distinto, de manera que cuando el guía le estaba explicando al presidente los secretos de un gallinero, le dijo: «Su esposa me ha recalcado que le recordara que el gallo que vive en el corral rodeado de gallinas hace el amor todos los días». A lo que el presidente Coolidge contestó con una pregunta: «¿Con una sola de ellas?». «No, no, no», fue la respuesta inmediata del guía. «Pues dígaselo así a mi esposa», fue la réplica presidencial.

Parecería evidente que Coolidge —no recordado, precisamente, por sus grandes aciertos— compartía, no obstante, con los biólogos del futuro la opinión de que la monogamia en la pareja no es una situación tan natural como todavía hoy muchos siguen pensando.

La realidad de las últimas investigaciones, como las de los norteamericanos David Barash (psicobiólogo) y Judith Lipton (psiquiatra), es contundente, y podría resumirse diciendo que entre los mamíferos y, particularmente, entre los primates sociales, no es fácil constatar la monogamia como práctica habitual.

Ni siquiera son monógamas muchas especies de pájaros que hasta hace poco se consideraban como tales. Veamos, por ejemplo, los datos que nos ofrece un estudio de la naturaleza humana y animal sobre la monogamia: de las 4.000 especies de mamíferos que existen en la Tierra, sólo unas docenas viven en pareja, un porcentaje muy bajo; igual que en los humanos, ya que de las 185 sociedades humanas que hay en el mundo y han sido estudiadas, sólo 29 practican la monogamia. Los datos son claros y parecen reforzar todavía más la teoría de Lipton y Barash.

La conducta que podemos tildar de variedad sexual está condicionada no tanto por la búsqueda de la diversidad como por la de la calidad. En otras palabras, se otorga inconsciente o conscientemente una gran importancia a la salud y la belleza y, por lo tanto, a los genes. Ahora bien: ¿cómo se sabe dónde están los buenos genes? ¿Cómo puede saber un miembro de la pareja, que no cuenta con un kit de análisis de ADN ni con el equipamiento necesario, que los genes del otro son buenos?

Una especie de ranas —concretamente el macho de las ranas de árbol grises— nos da una primera pista. El macho que goza de mejor salud, y por consiguiente de mejores genes, tiene un canto inconfundiblemente más prolongado. Otras veces, las señales no tienen que ver con el sonido, sino con los colores; sobre todo, en el mundo de los peces y los pájaros.

En el caso de los humanos y de gran parte de insectos y mamíferos, la señal determinante es el nivel de fluctuaciones asimétricas; si este nivel es inferior al promedio, el organismo en cuestión está exteriorizando que su metabolismo funciona perfectamente y que, por lo tanto, sus genes son envidiables. En caso contrario —no hay simetría en las facciones— se está anticipando que las huellas del dolor y de las enfermedades han distorsionado el perfil hasta el punto de que su nivel de fluctuaciones asimétricas es superior al promedio; estamos contemplando el subproducto de genes defectuosos.

La psiquiatra Judith Lipton asegura que las mujeres tienden a preferir a los hombres simétricos, altos, y en algunos casos a los que muestran indicios de niveles de testosterona elevados. Según sus estudios, cuando una mujer está ovulando, puede preferir a un hombre con una apariencia más agresiva, por ejemplo, con más pelo; y en otros momentos, probablemente cuando no esté ovulando, preferirá a alguien con menos pelo y con una expresión más amable. Lipton dice que a las hembras les gustan los buenos genes, la buena conducta y los buenos recursos en su pareja; es lo que buscan para aparearse con alguien.

Demostración práctica

En el libro que Judith Lipton escribió con su marido, David Barash, *El mito de la monogamia*, hay un experimento que es realmente divertido y muy ilustrador. Se hizo en el campus de una universidad de Estados Unidos. Se eligió a un hombre muy atractivo y a una mujer muy guapa que se dirigieron a los estudiantes con tres preguntas. La primera fue: «¿Quieres salir conmigo hoy?» y resulta que el 50 por ciento de los chicos y las chicas dijeron que sí. La segunda pregunta fue: «¿Quieres que vayamos a mi casa?» y ahí las respuestas fueron distintas: solamente el 6 por ciento de las chicas aceptaron ir, frente al 70 por ciento de los chicos. Y la última pregunta fue: «¿Quieres acostarte conmigo?». Pues bien, entre los chicos el 75 por ciento aceptó, y el 25 por ciento restante se deshizo en excusas para justificarse intentando explicarle a la mujer por qué no querían acostarse con ella. En cambio, ninguna chica aceptó, ni una sola.

Este experimento es muy ilustrativo porque, como explica

Lipton, demuestra que los chicos se dejan llevar más por la belleza femenina y son menos exigentes, les interesa más un acto sexual rápido y sin consecuencias. En cambio, para ellas, el riesgo de acostarse con un desconocido es infranqueable. Además, si un hombre es demasiado avasallador sexualmente, aunque sea guapísimo, no resulta muy atractivo.

Lipton y Barash creen que ni la biología, ni la primatología, ni la antropología sugieren que la monogamia sea un modo de vida natural, como lo son hablar o andar. Como me dijo una vez Lipton en una entrevista: «Lo natural es un modelo sexual en el que la gente encuentre una pareja, haga promesas que luego rompa, se produzca un abandono, a alguien se le rompa el corazón, luego se hagan más promesas, haya más corazones rotos..., lo natural es una retahíla de corazones rotos».

Barash resume muy bien esta situación diciendo que «es importante recalcar que muchas personas confunden que algo sea natural con que sea bueno. Muchas cosas que son muy naturales [...] ¿qué hay más natural que una bacteria o un virus? —se pre-

Varios científicos creen que la monogamia no es un modo de vida natural.

gunta este biólogo—. Pero no son buenos. Y, en la misma medida, simplemente porque algo no sea natural, como la monogamia, ¡no significa que sea necesariamente malo! Creo que cada uno es libre de tomar sus propias decisiones, pero si alguien opta por la monogamia, por los motivos que sea (religiosos, éticos u otros), si la elige, debería ser consciente de que tendrá que luchar contra parte de su biología. ¡Pero no es imposible! ¡Las personas luchan con su biología todo el rato!».

La abundancia de opciones

Si a una paloma se le da a elegir entre una recompensa ahora o una mucho mejor más tarde, lo tiene claro: no aguanta ni quince segundos y elige la inmediata. Con los humanos, la cosa no cambia. Imaginen que a unos niños de entre tres y siete años les situamos en una habitación delante de una galleta y les decimos: «Podéis comeros una galleta ahora o muchas más cuando vuelva». Y, claro, no les decimos cuándo regresaremos. Por supuesto, tomarán la galleta antes de que volvamos, pero ¿cuánto tiempo tardarán? Unos más y otros menos, dependerá mucho de la edad, porque al pasar de tres años y medio a cinco suceden cambios radicales: los niños y niñas empiezan a ser capaces de contemplar el futuro.

El número de segundos que esperarán predice la estabilidad marital, las notas en la universidad, la delincuencia juvenil, el alcoholismo y toda una gama de comportamientos que son independientes de la situación económica y familiar y que el psicólogo de la Universidad de Columbia, en Nueva York, Walter Mischel empezó a estudiar hace más de cuarenta años.

Elegir entre el café con leche o cortado es trivial. ¿Manzanas o naranjas? Eso no es un gran problema. El problema, lo difícil, es elegir el momento adecuado. ¿Cómo sacrificarse ahora para conseguir algo mejor cuando llegue el futuro? Éste es un problema de compromiso y requiere prudencia, la capacidad de hacer un sacrificio ahora en aras de un beneficio más adelante. El concepto capital aquí es prudencia, invertir en prudencia; algo que, al parecer, hacemos cada vez menos y peor.

En parte, la sociedad constituida nos da las herramientas necesarias para solucionar este problema; ha creado para nosotros todo un entramado de tecnologías del compromiso que nos dicen qué tenemos que hacer. Vamos a la universidad, nos casamos, tenemos un hijo... Nos dicen cuándo es más sensato hacer un sacrificio ahora para ganar algo en el futuro.

Bastarán dos ejemplos de esa tecnología del compromiso. «Renunciaré a los ingresos de unos cuantos años, pero esto me conducirá a un título. Este título me dará más posibilidades de tener una vida más interesante, de ser rico y, también, de seducir a la pareja que quiero.» Otro ejemplo más trivial: «Esta noche, en lugar de ir a la disco, me quedo en casa repasando tareas para asegurarme de que la semana que viene apruebo el examen».

Aun así, la tecnología del compromiso está siendo comprometida. La abundancia de opciones característica de los tiempos modernos hace un flaco favor a la gente. La prosperidad económica provoca un flujo de novedades y de nuevas recompensas a cuál más atractiva. Cuantas más opciones, más difícil es elegir la opción con la que comprometerse. Poco a poco nos vamos programando para valorar las cosas que están inmediatamente al alcance de la mano, mucho más que las cosas remotas. No estamos seguros sobre cuál será el efecto a largo plazo de esta abundancia, pero para algunos científicos está claro: se degrada el concepto de prudencia al que me refería antes, y es la clave de nuestro malestar. Si las novedades llegan muy rápidamente, nos distraen de los objetivos a largo plazo y nos centran en las recompensas más inmediatas. La abundancia produce ansiedad y ésta reduce nuestro bienestar.

La abundancia y los nuevos valores afectan a los bienes y valores preexistentes. Es decir, la abundancia cambia el modo en el que escogemos, y lo hace hasta un punto del que no éramos conscientes porque son procesos extremadamente graduales. Fumar es un ejemplo. El precio que hay que pagar por fumar sólo se descubrió tras un largo período de tiempo. Hicieron falta cincuenta años para sacar las conclusiones de que fumar mata. Primero lo descubrieron los científicos; al cabo de otros diez años, los gobiernos decidieron poner una etiqueta en los paquetes de cigarrillos; diez años después eliminaron la publicidad de la televisión; diez años más tarde, la clase media deja de fumar; otros diez años y ya no se permite fumar en las oficinas.

Diferentes valores generacionales

En España, como en otros países europeos, las diferencias generacionales parecen ahondarse en lugar de disminuir. No siempre fue así. El cuestionamiento de los mayores por los hijos, cuando lo había, transcurría en el mismo seno de la vida y espacio familiares. Hoy, en cambio, la pugna entre las viejas pautas de comportamiento y los nuevos planteamientos aflora abiertamente en la calle, lejos del hogar. La tribu se ha desmembrado. Los jóvenes forman un grupo social distinto de sus progenitores. Ellos, por sí solos, tienen tanto en común con sus contemporáneos y tantas diferencias con los mayores que han constituido su propia tribu, con sus enseñas particulares de vestimenta y símbolos. El perfil de sus progenitores no ha dejado huella —ni siquiera en el recuerdo—. ¿Qué ha ocurrido para que se diera este cambio dramático?

Biológicamente, la distancia entre la madurez sexual y la mayoría de edad se ha agrandado. Los flujos hormonales y la sexualidad estallan hoy cada vez en una etapa más tierna, mientras que la mayoría de edad —al margen de lo que establezca la normativa al uso— tiene vencimientos más lejanos. La posesión de un medio de transporte propio, el acceso a un trabajo remunerado y no digamos a una vivienda asequible se retrasan en el tiempo. El resultado de los dos factores entraña la aparición de un grupo social lo suficientemente numeroso y cohesionado como para acampar en tierra de nadie con sus banderas. Era inevitable que los modos peculiares característicos de la pubertad, antes fugaz, se consolidaran ahora —durante un período desacostumbradamente largo— en una cultura propia y totalmente diferenciada.

Como todas las culturas, la de los jóvenes ha creado sus propios valores. Faltaban modelos a los que imitar, tanto en la clase política como en la empresarial o académica. La primera había renunciado a transformar el mundo para garantizar la supervivencia de los mecanismos internos que sustentan el poder. Los segundos fundamentaron su crecimiento en la especulación a corto plazo, renunciando a los valores transcendentes de los antiguos barones industriales promotores del crecimiento económico. Por último, el sector académico se encerró en un gremialismo perverso que lo aislaba del sector industrial y lo alejaba de los enfoques multidisciplinares que son hoy indispensables para que se produzca la innovación.

Los jóvenes constituyen por sí mismos una manada diferenciada

Los jóvenes asimilaron rápidamente, no obstante, el cuestionamiento iniciado por sus progenitores de valores tradicionales que perdían todo sentido en la nueva situación demográfica y social: la cohesión que estimula el sentimiento de nación, la religión y, por supuesto, la familia.

En lo individual, se consumó la separación de sexo y reproducción, se disoció el amor del deseo y se creó un abismo entre trabajo —irremediable para sobrevivir, cuando se encontraba— y felicidad. Se trata de las únicas pautas heredadas del pasado reciente que no se repudiaron. Junto a ellas, se apostó por los nuevos valores.

Uno de ellos es el miedo. De cada cuatro alumnos que estudian hoy en día, uno de ellos acude con temor a clase. Alejados de los puntos de referencia del pasado, abandonados a su propia suerte, el colectivo asentado en tierra de nadie ha creado sus propios resortes de poder, en los que se incluye el de intimidar, sentenciar, vigilar y castigar.

El otro valor importante es la pertenencia, no a un grupo o clase social como antaño, sino a un colectivo virtual que para diferenciarse del resto recurre a cualquier tipo de símbolo, por trivial que parezca, como un determinado peinado, unas botas o un gorro especial. Por encima de todo, se trata de infundir a los afiliados el sentimiento de que pertenecen a un colectivo que es el suyo. No hace falta que se devanen los sesos buscando el reconocimiento del resto del mundo, como preveía el fundador de la psicología moderna, William James. Pueden contar con el reconocimiento del colectivo virtual. Fuera del colectivo, sólo encontrarán desprecio e intimidación.

El tercer valor tiene que ver con el cambio tecnológico. La revolución de las tecnologías de la información ha concedido a esos colectivos una autonomía de comunicación y convocatoria que permite ritualizar y desarrollar su propia cultura. Al igual que en la historia de la evolución la especialización geográfica acababa incidiendo en la expresión idiomática, el acceso generalizado a las tecnologías de la información imprime un sello especial a la forma de comunicarse en el seno del grupo.

¿Tan grave y desesperada es la situación? No tanto. Se trata,

Los jóvenes de hoy forman un grupo social muy distinto de sus progenitores.

sencillamente, de evitar que el cerebro nos siga engañando haciéndonos ver sólo lo que queremos ver. Pero... ¿qué tipos de medidas debemos tomar?

Pues las adecuadas para modular un cambio cultural. Lo que equivale a decir que se trata de procesos lentos y que no están en la mano de nadie en particular, sino de toda la sociedad en su conjunto. El Estado sólo por su cuenta ya no puede hacer frente a la situación. Al igual que ocurre en el campo educativo o en el de la sanidad, se requiere la implicación de toda la sociedad. Hay que hacer una reflexión colectiva para analizar cuál es el estado de la cuestión. A partir de ahí, identificar los ladrillos con los que construir un nuevo modelo de cohesión social. Y, finalmente, empezar a aplicarlo paso a paso. La alternativa consiste en adoptar la opción que defienden algunos para el cambio climático: esperar a que el deterioro de la situación alcance tales extremos que induzca, estrepitosa y precipitadamente, a la participación de toda la sociedad.

Racismo y machismo, dos prejuicios muy arraigados

Todos somos —sin saberlo— algo racistas y machistas. Evolutivamente, hemos heredado reflejos que muestran prejuicios hacia otras razas y tardamos, más de lo normal, en olvidar las diferencias de género, cuando no debieran desempeñar ningún papel. En la Universidad de Chicago efectuaron, en el año 2008, experimentos concretos para comprobar la existencia en el subconsciente de este sentimiento racista y machista en quienes nunca hubieran creído tenerlo.

Se pedía a los encuestados que dispararan con un arma digital contra un desfile de imágenes de personas en idénticas actitudes pacíficas, cuya única diferencia era su raza: unos eran blancos; otros, negros. Los disparos contra estos últimos eran algo más rápidos (0,68 segundos) que contra los primeros (0,69 segundos). Se tardaba algo más en disparar a los blancos, como si fuera un acto más difícil de justificar. Quienes se sometían al experimento habían sido elegidos por sus convicciones igualitarias y democráticas. Tomemos nota.

El segundo experimento tenía que ver con las diferencias de género. Imágenes de personas de razas distintas que jugaban partidos de fútbol. Al poco tiempo, los espectadores se fijaban más en la camiseta deportiva que llevaba el jugador que en su etnia. Cuando se trataba de jugadoras, en cambio, no acababa prevaleciendo la camiseta que llevaban: los espectadores no olvidaban la condición femenina del deportista. Provisto con los resultados de estos experimentos, es más fácil comprender el resultado del duelo que en ese momento había en curso entre los dos candidatos del partido demócrata en las elecciones norteamericanas: Barack Obama y Hillary Clinton. La etnia de los candidatos acaba difuminándose cuando va encorsetada en la camiseta de un equipo.

Lo que acaba prevaleciendo es la condición de jugador del partido demócrata. La mejor preparación y la experiencia pública de Clinton pueden seducir así a más votantes, pero los votos que Obama pierda no los perderá por su etnia. Lo que quede del machismo heredado en el subconsciente de los norteamericanos, en cambio, subsistirá, por muy larga que sea la campaña electoral. La camiseta demócrata de Hillary no acabará borrando su diferencia de género, al contrario de lo que ocurre con su contrincante electoral, cuya camiseta terminará por difuminar el recuerdo de su etnia.

El experimento de la Universidad de Chicago podría haber servido para anticipar, pues, una victoria de Barack Obama. Con una excepción, claro. Podría haber ocurrido todo lo contrario si la intensidad del sentimiento racista y machista en el subconsciente

El machismo heredado que todavía se encuentra en el subconsciente de muchos norteamericanos perjudicó a Hillary Clinton.

de los electores hubiese sido superada por una intensidad mayor de otros sentimientos que se desprendían de otros factores.

Estamos descubriendo hasta qué punto nos habíamos engañado a nosotros mismos creyendo que la conducta de los humanos era el fruto de la razón consciente y, sólo en contadas y aborrecidas ocasiones, el resultado de la intuición y de las emociones que fluyen desde el inconsciente. Era una manera tremendamente equivocada de analizar el comportamiento de los humanos. Un neurólogo de Nueva York, Joseph Ledoux, ya me lo sugirió hace unos años: cuando pensamos en términos de evolución y progreso, siempre tendemos a pensar que sólo la neocorteza cerebral —responsable de las decisiones racionales— avanza. No es cierto. El sistema rector de las emociones y el subconsciente también avanza. Y ya estaba allí mucho antes que la neocorteza.

Pobreza y criminalidad

Cuando mis amigos más progres quieren tranquilizarme ante las manifestaciones violentas de algunos sectores muy jóvenes, aluden al contexto social de pobreza y marginación en el que viven esos grupos. «Eduardo, la pobreza es la causante de estas aberraciones y eso es culpa nuestra por un reparto equivocado de los bienes.» Nunca me convencieron esos argumentos. Las hermanitas de la caridad eran muy pobres y nunca se caracterizaron por dosis estentóreas de violencia. Sectores de la mafia rusa superan con creces los niveles de renta promedio y han dado muestras de comportamientos delictivos sin precedentes. ¿No tendrá que ver el recurso continuado a ideas trilladas con el anquilosamiento del pensamiento dogmático, de las ideologías políticas del pasado? ¿Dónde están las ideas nuevas sobre situaciones nuevas?

Hace unos diez años, expertos en custodia de prisiones y programas de rehabilitación empezaron a cuestionar la tesis que busca en la pobreza la fuente del mal. Pero eran voces aisladas que ni siquiera consiguieron segmentar regímenes indiferenciados de rehabilitación. A los psicópatas, a los que ya me he referido varias veces, con una inteligencia superior al promedio y una capacidad de empatía netamente inferior, se les sometía —y se les somete— a la misma rehabilitación que al carterista común. Resultado: el psicópata dispone después del curso de mayor información para criminalizar su capacidad intacta de ignorar el sufrimiento de los demás.

La antropóloga brasileña Teresa Caldeira, profesora en la Universidad de Berkeley, empezó a investigar esa paradoja hace más de diez años en ciudades como São Paulo, Buenos Aires y Los Ángeles. Sus conclusiones son irrefutables. «Eduardo, más que esa supuesta vinculación entre pobreza y criminalidad, es una determinada cultura que puede o no acompañar a la pobreza: las drogas, el dominio del mito machista, la discriminación, el fanatismo religioso...».

Una de las mayores preocupaciones de Caldeira ha sido ir en contra de la idea de que la pobreza genera violencia. Esta antropóloga está convencida de que no es eso. Es gracias al trabajo de investigadores como Caldeira en terrenos novedosos y no a la repetición de lugares comunes por lo que, por fin, podemos arrumbar mitos que han paralizado los avances del conocimiento.

El peso del dogma tiene unos efectos perversos muy superiores a los sugeridos por la pobreza. En la India, nada menos que 160 millones de personas soportan el peso de un sistema de castas que les encierra en el reducto en que nacieron. Es más fácil buscar un único culpable a tanto desvarío, como la pobreza o el cambio climático. Pero esto no nos exime de buscar las nuevas causas de los viejos desmanes. Parece que, amenazados por la violencia creciente, no nos queda tiempo para escrutar sus motivos.

¿Cómo distinguimos a un psicópata del resto?

A menudo, la gente me pregunta: ¿de todos los científicos del mundo con los que has conversado, cuál de ellos te ha impresionado más? Siempre contesto que la pregunta debería formulárseme de otra manera: ¿de cuál has aprendido más? En los primeros números de la lista está Jonathan H. Pincus, profesor de neurología en la Escuela de Medicina de la Universidad de Georgetown, en Washington D. C. Ha examinado a docenas de asesinos en serie. ¿Cuáles son, según él, los factores que desatan los instintos violentos?

Tal vez la mejor manera de resumir su pensamiento sea: los niños maltratados no serán necesariamente psicópatas de adultos, ni tampoco las personas con enfermedades mentales o las víctimas de una lesión que haya afectado al funcionamiento de su cerebro. Pero si se dan las tres circunstancias, es muy probable que uno acabe comportándose como un psicópata.

Descendemos de antepasados comunes de monos y homínidos que eran tremendamente agresivos. Aunque parezcamos afables —saludamos a desconocidos; ningún reptil u otro mamífero lo hace—, podemos ejercer el poder sin miramientos. Tal vez porque somos conscientes de ello, nos preocupa mucho el efecto que las escenas violentas reproducidas en los medios de comunicación pueden tener sobre la juventud. Cuanto más popular se hace un medio de comunicación —primero, fueron los periódicos; luego, el cine, la radio, la televisión, y, ahora, los videojuegos—, más se incrementa el miedo al impacto que las escenas violentas tienen en el comportamiento de los jóvenes. Al acabar el instituto, cada chico habrá pasado unas veinte mil horas viendo la televisión, frente a unas catorce mil consumidas en aprendizaje en clase.

Las últimas investigaciones indican que no son sólo los medios de comunicación los que influyen en el comportamiento de la juventud. Hay muchos otros factores. La opinión pública, a comienzos del siglo XX, estaba convencida de que los periódicos norteamericanos de tirada masiva exacerbaban el sistema nervioso de la gente. Esta preocupación se trasladó a las primeras películas en movimiento, a los cómics y a la radio. Pero lo que realmente ha disparado la polémica ha sido la televisión y, ahora, los videojuegos y los móviles.

Steven Kirsch, profesor de psicología de la Universidad de Geneseo, Estados Unidos, asegura que lo que ha aumentado hoy en día es la cobertura de la violencia y de la agresión. Ahora, los niños tienen teléfonos móviles. En el pasado, cuando un chaval agredía a su vecino, por muy terrible que eso fuera, nadie lo colgaba en *YouTube*, pero ahora sí, y por esto tenemos este clamor público sobre la violencia juvenil.

Durante mucho tiempo se creyó que ciertos tipos de música, como el *heavy metal* o el *rap*, podían influir en los comportamientos violentos. Pero ahora se sabe que no importa tanto el tipo de música que escucha un joven, sino el motivo por el que la escucha. A los muchachos agresivos les atrae la agresividad. Un estudio reciente revela que quienes escuchan ópera tienen más probabilidades de no condenar el suicidio. Una vez más constatamos la importancia de la configuración de la mente individual. Las personas con ciertas ideas se sienten atraídas hacia determinados tipos de música.

El impacto de las escenas violentas en los niños con psicopatologías tiende a ser más acusado, porque no se inhiben con la misma facilidad que el resto frente a la excitación y violencia que perciben.

Indicios de maltrato

La admirable intuición del médico y filósofo Albert Schweitzer también se confirma a medida que se empieza a desvelar la relación entre maltrato infantil y animal. Un estudio revela cómo en un grupo de hogares con denuncias de maltrato infantil demostrado, el 88 por ciento de los animales de estos hogares eran maltratados; en otro estudio, el 71 por ciento de un grupo de mujeres maltratadas afirmaba que sus maltratadores también habían agredido o matado a animales de la casa. Existen otros indicios, como que los convictos de cárceles de máxima seguridad condenados por actos violentos tienen más probabilidades que los convictos no violentos de haber cometido en su infancia maltrato animal. En Estados Unidos y en Gran Bretaña, pioneros en estos estudios, se empieza a admitir el maltrato hacia los animales como un indicador útil para detectar maltrato infantil y violencia en el hogar. La del neurólogo Pincus es una conclusión inquietante que tiene el mérito de llamar la atención sobre la trascendencia de los malos tratos infligidos a los niños. Estamos hablando de malos tratos lesivos, abusos sexuales, torturas... Cuando se dan, es probable que se generen comportamientos violentos en la pubertad o la edad madura.

Hay muchos factores ciertos que determinan la conducta agresiva de los jóvenes. Uno de los más importantes es el papel que desempeñan los padres en la crianza de los hijos. Un niño del que se ha abusado, que ha sido privado de amor o azotado tendrá más probabilidades de ser agresivo. Terapeutas de prestigio reconocen, por ello, que la mejor manera de luchar contra las enfermedades mentales y la violencia es ocuparse de la educación emocional de los bebés y de los niños. Otro factor cierto es la compañía de los amigos con los que el niño se relaciona: si tiene amigos agresivos, aumentará la probabilidad de que él también lo sea, ya que estará expuesto a un entorno que no condena la violencia. Los niños que reciben golpes a manos de sus hermanos también pueden acostumbrarse a usar la agresión para resolver sus problemas.

Esto se ha visto confirmado por investigaciones recientes que ponen de manifiesto la vinculación entre la ansiedad de la separación maternal sufrida por el niño y el desamparo generado por el desamor en una pareja. Los circuitos cerebrales afectados son los mismos y, lo que es peor, las defensas psicológicas disponibles siguen siendo las que eran de pequeño. Tanto es así que, hoy por hoy, la mejor manera de luchar contra la violencia consiste en evitar el maltrato infantil. Estamos muy lejos de haber reflexionado seriamente sobre las consecuencias de lo que estoy sugiriendo. Las instituciones tampoco responden adecuadamente frente a los resultados de las investigaciones científicas al respecto. Algunos países, en cambio, hace ya años que han abordado con éxito algunos de estos desafíos. Por ejemplo, hay casos en los que se puede acceder gratuitamente a prestaciones sociales para madres con problemas evidentes: enfermedades mentales o depresiones agudas, entornos violentos o situaciones muy marginales. Creíamos que una cosa era la niñez y otra, la etapa adulta. Hoy sabemos que están íntimamente trabadas. Pero no actuamos en consecuencia.

La fascinación de lo virtual

Desde que adquirimos la capacidad de intuir lo que piensan los demás podemos ayudar al otro o manipularle, y lo hacemos a cada instante.

No puedo dejar de pensar en ello cuando veo esos nuevos robots afectivos diseñados para establecer relaciones con los humanos. *Paro*, un robot japonés que simula una cría de foca diseñado en el año 2006, sorprende. Y no por su supuesta inteligencia, sino por estar programado para mostrar los indicadores propios de una relación afectiva: mantiene contacto visual, responde ante diferentes tonos de voz y gestos, y hasta es posible influir en su estado mental. Hay que esforzarse para recordar que no es más que una máquina; si nos dejamos llevar, nos da la sensación de que nos comprende. Acabamos creyendo que intuimos lo que está pensando. ¿Pero qué hay en su mente? Nada. No hay nada en la mente de esta criatura.

Paro es fruto del interés que hay en Japón en diseñar robots que puedan hacer compañía a los mayores; y funciona. Con los niños se produce un efecto igualmente sorprendente. Hace unos años, una exposición sobre Darwin en el American Museum of Natural History anunciaba la presencia de unas auténticas tortugas de las Galápagos. Un animal icónico en el desarrollo de la única teoría jamás propuesta capaz de explicar la vida: la evolución por selección natural. Y ahí estaban las tortugas, descansando tranquilamente, casi sin abrir los ojos. «¡Podrían haber utilizado un robot! —dice una niña de catorce años—. ¡Con todo el lío que ha supuesto traerlas! ¡Si prácticamente no se mueven!» Para esa muchacha, la presencia de las tortugas suponía mucho trastorno para tan poca expresión de vida. Por eso, tal vez debamos preguntarnos cuáles son los propósitos de la vida para esta generación de niños que ha crecido con robots.

El circuito de la búsqueda y recompensa en nuestro cerebro es básico para entender nuestra felicidad. Y los actuales videojuegos de simulación están constantemente activándolo. A cada instante deben afrontarse retos —tomar decisiones, priorizar, elegir— con los que se logran recompensas inmediatas —vidas extra, pasos de pantalla— . Se liberan torrentes de dopamina a la vez que se potencian unas herramientas cerebrales muy útiles que se desarrollan como un aprendizaje colateral al juego: lo importante no es lo que piensa el jugador, sino cómo lo piensa.

Lo virtual nos atrae porque la gente se siente sola, y tiene miedo de la intimidad. El ordenador ofrece una solución aparente a esta paradoja, porque con el ordenador puedes estar solo, pero nunca tienes que sentirte de esa manera; puedes obtener la gratificación de cierto tipo de amistad sin las exigencias de una verdadera intimidad. Esto resulta muy tentador. Ahora bien, ¿qué relación mantenemos con los robots afectivos si son puro artificio de nuestra proyección?

El principal reto para nosotros y para esta nueva generación que se siente tan cómoda en lo virtual es unir la realidad virtual y la biológica. Estamos en una cultura en la que el ordenador constituye un objeto central en nuestras vidas. Y no podemos permanecer ajenos a esta corriente. Por eso insistí tanto en comprarle un ordenador a mi nieta. Y después de batallar mucho con su madre, lo conseguí.

El escritor y especialista en videojuegos, Mark Prensky, me explicó en una entrevista que hasta ahora la prensa ha insistido en contar todo lo malo posible acerca de los videojuegos y evitando explicar lo bueno. Según dice, «la opinión pública tiene una idea totalmente opuesta de lo que realmente son los videojuegos. Creen que conllevan peligros grandes y pocos beneficios, pero, en realidad, los beneficios son muchos y los peligros son escasos, reales, pero escasos». Prensky asegura que las personas que hoy en día tienen treinta o cuarenta años y crecieron con videojuegos «son mejores médicos, sobre todo aquellos médicos que operan por cirugía laparoscópica. Hay estudios de investigación que lo demuestran científicamente. Son mejores músicos, mejores constructores de montañas rusas, porque son literalmente constructores de montañas rusas, mejores hombres de negocios, mejores empresarios, y la razón es que los videojuegos te enseñan a asumir riesgos. Aprendes a actuar a partir de un *feedback*. Aprendes a tomar buenas decisiones. Este tipo de cosas que luego transmitimos a todas nuestras profesiones». Para este experto, existen «nativos digitales», que son los que ya han nacido en un entorno digital e «inmigrantes digitales», que son los que han tenido que adaptarse a los cambios que conlleva esta nueva realidad. Para los nativos digitales los videojuegos son parte fundamental de su educación. Prensky dice que «es importante que todos los padres entiendan que un videojuego no es más que un gran problema que cuesta cincuenta euros. Y a los chicos les gusta resolver esos problemas. Si lo pensamos bien, si se tratara de problemas que les plantearan en el colegio, los padres estarían encantados. Es posible que los niños inviertan meses o una hora en resolver el problema y cuando lo consiguen deberíamos felicitarlos ¡en lugar de decirles que dejen de jugar!».

Lo que nos separa del chimpancé es nuestra capacidad de imaginar. Ellos también se reconocen en el espejo, y de ahí muchos científicos deducen que también tienen conciencia de sí mismos. Pero no pueden imaginar mundos distintos al suyo, como el más allá. Ahora que los mundos creados toman forma de simulación digital, no deberíamos poner el grito en el cielo. Siempre han existido representaciones, y la virtual es una más.

Itinerario 6

Los secretos de la vida en la Tierra

Un planeta en peligro

Donde haya agua, o la promesa de agua en la Tierra, hay vida, como mínimo en forma de bacterias u hongos microscópicos. La hay desde la Antártida hasta el Polo Norte, desde la cima del Everest hasta las profundidades de los océanos, a once mil metros bajo la superficie del mar. Éste es uno de los grandes patrones de la Tierra: la vida envuelve cada rincón del planeta.

Todo este capital está en peligro. Hemos sufrido cinco grandes extinciones en los últimos 450 millones de años. La última, en la época de los dinosaurios hace 65 millones, fue causada por un meteorito gigante. Hace tan sólo unos 10.000 años, los seres humanos colonizaron completamente el planeta por medio de la revolución agrícola. Tal vez la vida, hace 10.000 o 20.000 años, hubiese tenido su punto álgido de diversidad, pero aparecimos nosotros, y nuestro efecto es el de un nuevo gran meteorito. Hoy en día, la alarmante reducción de la biodiversidad provocada por la acción humana nos aboca al umbral de la sexta extinción.

La superpoblación de humanos ha creado un cuello de botella —así lo llama Edward Wilson, profesor emérito de la Universidad de Harvard— que destruye gran parte del entorno natural y de las especies. Permitimos esta situación para poder habitar en la Tierra, aunque si todas las personas del mundo, unos 6.700 millones, quisieran vivir con los parámetros consumistas de gran parte de Occidente, necesitaríamos los recursos naturales de cuatro planetas Tierra más. Nuestro comportamiento actual nos beneficiaba en un sentido darwiniano, cuando la humanidad estaba evolucionando y vivíamos en pequeñas tribus, porque era cuestión de supervivencia, y el método de colonización era expeditivo y eficaz. Si sólo pensamos a corto plazo, nos basta con asegurar la supervivencia de un día para otro, pero entonces sólo se contempla el futuro de la siguiente generación en un espacio geográfico pequeño —nuestra comunidad o nuestro país—. El resultado de esta visión estrecha es que cometemos errores terribles en la planificación económica y en el reparto de recursos. Según Wilson, el motivo de que nos encontremos ante las primeras etapas de la sexta extinción, es que los humanos estamos reduciendo la biodiversidad del planeta, un factor fundamental para nuestra supervivencia.

La inmensa riqueza del planeta

El estudio de las diferentes formas de vida nos ha permitido descubrir cómo han ido evolucionando, desde las más sencillas —las bacterias— a las más complejas. Y a pesar de que nos parezca que los conocemos a todos, en realidad sólo somos capaces de identificar con un nombre al 10 por ciento de los organismos vivos del planeta. El 90 por ciento restante todavía son un misterio. La inmensa mayoría de ellos no son visibles a simple vista, pero su importancia es vital para nuestra existencia. Se encargan de reequilibrar los diferentes componentes de la atmósfera, purifican el aire que respiramos, reciclan los desechos de la naturaleza para que, a partir de la materia orgánica muerta, pueda volver a nacer la vida. Cuantas más especies vivan en un ecosistema, más productivo y estable será éste, y mayor capacidad de recuperación en caso de darse una sequía, un incendio o cualquier otra circunstancia que ponga en peligro su equilibrio.

Por tanto, si disminuye la biodiversidad, si se extinguen algunas especies, la efectividad del sistema puede verse afectada y con ella nuestra propia existencia. Los científicos han comenzado a darse cuenta de esto.

Algunas de las tareas que la naturaleza nos resuelve sin que nos percatemos son la regulación de la atmósfera y el clima, la purificación del agua dulce, el enriquecimiento del suelo, el reciclaje de los nutrientes, la detoxicación de los desechos, la polinización de los cultivos y la producción de leña, alimentos y combustibles. Así de importante es la biodiversidad del planeta.

La conservación del medio ambiente, sin embargo, no tiene por qué estar reñida con las leyes de la economía. Un equipo de economistas y biólogos ha estimado el valor en dólares del mundo natural que destruimos (el agua, el aire y el suelo). Los cálculos arrojaron una cifra equivalente al producto bruto anual mundial. Los procesos naturales que estamos destruyendo —el enriquecimiento natural del suelo, la regulación del clima o la depuración del mismísimo aire que respiramos— son servicios que la Tierra nos ofrece de forma completamente gratuita. A medida que destruimos el mundo natural, nos vemos obligados a reemplazarlo por nuestra propia maquinaria económica; por ejemplo, tenemos que depurar el agua pura que contaminamos con dispositivos de filtración que cuestan cientos de millones de euros.

Paso a paso, estamos convirtiendo la Tierra en un lugar donde no podemos asentarnos y dejar que la naturaleza siga su curso y nos suministre todos los servicios necesarios para la regulación natural de la vida, para la convivencia de las especies. Nos vemos obligados a vivir como si habitásemos en el espacio, encerrados en un vehículo espacial, siempre pendientes de arreglar, medir y discutir qué podemos hacer para que las cosas funcionen de nuevo. Esto es de locos y parece que hemos olvidado algo muy importante: en el pasado, no había nadie que se interesara por la Tierra como un sistema en funcionamiento; para la mayoría, era un simple paisaje.

El dióxido de carbono en la Tierra está aumentando como consecuencia de nuestra forma de vida. La destrucción del hábitat —por ejemplo, la pérdida de la selva amazónica— no sólo impide el sustento de las personas, sino que afecta al clima y al bienestar del mundo entero.

Posibles respuestas

La solución para estos problemas podría venir de la ciencia y de la tecnología. Hace doscientos años éramos mil millones de habitantes en la Tierra; ahora somos más de seis mil millones. Ejercemos tanta presión sobre ella que nos veremos obligados a recurrir a la tecnología para subsistir. Podríamos, por ejemplo, obtener mucha más comida gracias a la industria química y biotecnológica. También deberíamos controlar nuestro rechazo a la energía nuclear. Tenemos razones de peso para temer la guerra nuclear, tan destructiva para la civilización; pero la nuclear es la única fuente de energía que no daña la atmósfera.

Otra solución podría venir del profesor de química George Whitesides y su grupo de investigación de la Universidad de Harvard, que estudian la posibilidad de utilizar la fotosíntesis aplicada al desarrollo energético. Whitesides está trabajando con la hipótesis de usar la misma energía solar que las plantas y transformarla en hidrógeno, oxígeno o gas natural, aunque todavía no han descubierto el proceso químico para realizar esta fotosíntesis en un contexto no natural.

Por tanto, sí que existen salidas a nuestro desarrollo, pero están basadas en la tecnología, no en su abandono. Hay otra solución: no hacer nada confiando en que cuando llegue el momento de la gran crisis planetaria, la gente y los gobiernos reaccionarán y aceptarán los sacrificios necesarios para sobrevivir

Aunque para entonces, tal vez, será demasiado tarde.

El ciclo vital

El cambio de mentalidad a la hora de observar nuestro planeta se produjo cuando el hombre fue por primera vez al espacio. Desde aquella perspectiva se pudieron fotografiar la Tierra y la Luna a la vez. La primera era nuestra casa, la misma que estamos destruyendo, un planeta cálido, con vida y muerte. La Luna, inerte y fría, simplemente existía.

Hace mucho tiempo, la gente pensaba que la vida se adaptaba a las condiciones físicas y químicas del planeta y que eso era todo lo que se podía hacer. Lo animado se pegaba al perfil terráqueo como una lámina. Ahora sabemos que, hasta cierto punto, es la vida la que crea el perfil, y por eso la Tierra se ha convertido en un planeta tan diferente de nuestro satélite. O de Marte. O de todos los que componen nuestro sistema solar.

Las rocas surgen en la superficie de la Tierra y luego sufren la erosión de los elementos. Esta acción erosiva va destruyéndolas lentamente hasta convertirlas en escombros, que son arrastrados por el agua hasta llegar al mar, en cuyo fondo se depositan formando gruesas capas, una auténtica alfombra. Pero el fondo del océano está en movimiento debido a las fuerzas tectónicas: el calor que se genera en el centro de la Tierra calienta las rocas, que se mueven otra vez hacia los continentes y suben, se funden o a veces sufren una metamorfosis, convirtiéndose en granito. Unos cien millones de años después vuelven a aparecer por la superficie y todo el material comienza a erosionarse de nuevo. Es el ciclo de las rocas.

Otro ejemplo de metamorfosis es el que sugieren los Picos de Europa, cuyo nombre les viene de ser la primera visión de Europa que tenían los antiguos exploradores cuando regresaban en barco de las Américas: unos inmensos bloques blanquecinos de roca caliza. Estar allí es increíble, y las vistas son maravillosas; pero lo que es verdaderamente fascinante es saber de dónde demonios sale toda esa mole caliza. En este caso, se trata de una demostración del poder de las bacterias. Se suele creer que estos microorganismos sólo provocan enfermedades y que son una maldición, pero la realidad es mucho más sutil. De hecho, las bacterias han creado todas estas robustas y atractivas rocas que ahora utilizamos como elementos decorativos en los edificios y que son todo bacterias.

Las rocas tienen nutrientes —calcio, sodio, potasio y el resto de minerales, que también nosotros necesitamos para seguir vivos— y los microorganismos, las bacterias o los líquenes se las comen para obtener de ellas los minerales, que en algunas ocasiones son su única fuente de recursos. Son especialistas en devorarlas.

Entonces, siguiendo su ciclo vital, mueren o les pasan los nutrientes a otros organismos, siendo arrastradas hacia el mar. Y entonces ya está todo listo para que brote una nueva vida. Sin esta metamorfosis, por ejemplo, el mar no tendría peces.

Las bacterias se nutren de las rocas y hacen que haya alimentos disponibles para todo lo que tiene vida en la biosfera. Y luego las profundidades del mar actúan como el desguace de todo el sistema: es allí donde toda la superficie se regenera, se limpia y vuelve a reaparecer en tierra de nuevo.

Desde el punto de vista biológico, el ciclo de las rocas es esencial, ya que sin él, sin la tectónica, sin los *tsunamis* y todas estas catástrofes y terremotos no habría vida. La vida surge sólo donde hay imperfecciones y deberíamos aprender a respetarlo.

Estas enormes y maravillosas montañas son una gran demostración del poder de las bacterias.

El paleontólogo Richard Fortey asegura que la gran historia del mundo, que transcurre durante cuatro millones de años, es la historia de los continentes juntándose y separándose de nuevo, y luego acercándose otra vez, a medida que cambia la configuración de las placas tectónicas. Este movimiento es el que ha producido las cordilleras, los tipos de rocas, la vegetación... Todo lo que vemos.

Otro ejemplo espectacular de cómo se formó la Tierra y cómo evoluciona lo encontramos en las islas de Hawai. Son un ejemplo de cómo la geología se expresa en su máxima simpleza: erupciones simples, generación de nueva corteza y hundimiento bajo las olas. Allí puede verse este proceso porque es un sitio de erupción volcánica continua, donde el material del manto, el material profundo, aflora a la superficie para crear la nueva superficie de la Tierra. Además, desde allí se ve la evolución de la cadena de islas hawaianas, y da una idea del tiempo geológico: en la isla más grande, la lava nueva sale continuamente al exterior y crece, pero las otras islas, que ahora son volcanes muertos, se están hundiendo por su propio peso, en parte, y también como consecuencia de la erosión: se sumergen en el mar.

Cambio climático: una amenaza real

Robert Fitz Roy pasó a los anales de la historia como el comandante del *HMS Beagle*, el barco que utilizó Darwin en sus famosas expediciones. Pero lo que realmente le gustaba a este hombre era la meteorología. Así que cuando se cansó de la Marina, creó, según dicen, el primer observatorio meteorológico del mundo. Al parecer, Fitz Roy pensaba que podía pronosticar el tiempo, pero fracasó tantas veces que al final acabó suicidándose.

Esta historia triste nos remite a un tema importante: la diferencia que hay entre clima y meteorología. Es imposible pronosticar el tiempo con total exactitud —como mucho con un par de días de antelación—, pero los cambios a largo plazo, es decir, los cambios climáticos, se pueden predecir mejor. Éste es un sistema complejo, y las medias que esperamos —el clima— no siempre concuerdan con lo que observamos —el tiempo.

El calentamiento global es un hecho. El efecto de los gases invernadero, del dióxido de carbono que llega a la atmósfera procedente de la industria y de los coches, entre otras fuentes de contaminación, está provocando un ligero calentamiento del planeta. Por ligero me refiero a unos 0,8 °C, o sea, menos de un grado. Mucha gente piensa, obviamente, que menos de un grado no es nada, que ni siquiera se nota; o incluso que a algunos países fríos no les viene nada mal. Lo fundamental es comprender que el clima nos afecta a través de cambios climáticos extremos. Son las catástrofes meteorológicas, como los huracanes, las olas de calor, las grandes tormentas, las que acaban causando daños y afectando a las personas. El calentamiento global, sencillamente, multiplica la posibilidad de que esas catástrofes ocurran.

Myles Allen, profesor en el departamento de Física de la Universidad de Oxford, lleva tiempo investigando el clima y ha demostrado el vínculo existente entre algunas acciones humanas y los daños provocados por los desastres meteorológicos. El petróleo, el carbón y el gas son algunos de estos productos fáciles de identificar y, según este profesor, cuando la gente empiece a sentirse descontenta con los efectos del cambio climático sobre sus vidas, empezará a protestar y entonces se verán los verdaderos cambios.

Qué hacer ahora

Si lanzamos un dado en el casino tenemos una posibilidad entre seis de que nos salga un seis. Si trucamos el dado, podemos doblar la posibilidad de sacar un seis, pero, además, hemos multiplicado por ocho la de sacar un triple seis. Un pequeño cambio en el dado provoca un efecto enorme en las posibilidades extremas.

La ola de calor que padecimos en 2003 fue, sin duda alguna, un triple seis. Si no fuera por el calentamiento de la Tierra, las probabilidades de que hubiera sucedido algo como lo de 2003 serían mínimas. Pero con la influencia de los gases invernadero, estos sucesos ya no son tan improbables. Se ha establecido que la actividad humana ha doblado, como mínimo, el riesgo de que se produzca una ola de calor como la de 2003. De hecho, la probabilidad de que se repita se ha multiplicado de cuatro a seis veces y casi todo el problema se debe a un número relativamente reducido de productos como el petróleo, el carbón o el gas.

La cuestión no es protegerse de la amenaza del cambio climático. Eso lo tendremos que afrontar tarde o temprano. La cuestión es si será nuestra generación la que resuelva el problema de una forma económica o si será la próxima generación —o la siguiente— la que tenga que resolverlo de una forma mucho más cara. Es impensable que la gente vaya a quedarse de brazos cruzados sin hacer nada, viendo cómo el sistema se va, literalmente, al infierno. Cuando la gente empiece a sentirse muy descontenta con los efectos del cambio climático sobre sus vidas, empezará a protestar y es entonces cuando veremos un cambio en la opinión pública que repercutirá sobre las acciones que se tomen con respecto al cambio climático. Ésta es la tesis del gran químico y medioambientalista Lovelock, al que ya he mencionado.

Las hazañas de la evolución

Las innovaciones más espectaculares y trascendentales de la historia de la evolución, la supervivencia de las especies existentes cuando todo apuntaba a su fin, fueron fruto de la intuición de unos microbios recién llegados 2.000 millones de años después de la formación de la Tierra y el sistema solar. Fue una hazaña biomolecular hilvanada por un pacto entre dos bacterias: una grande que actuó de célula huésped y otra más pequeña con alguna función interesante o vital que la otra era incapaz de hacer. Con toda seguridad, si el futuro tiene salvación, llegará de nuevo después de profundizar en el conocimiento y las posibilidades del mundo molecular.

Otra hazaña de la evolución, derivada de la misma época y por el mismo mecanismo, se la debemos a las plantas que habrían inventado la fotosíntesis: la posibilidad de arrancar su propio sustento de la luz del sol. No de los rayos más radioactivos, sino de los haces de luz más suaves y transparentes. Los cloroplastos con los que las plantas fabrican alimentos para sí mismas son, en realidad, cianobacterias que se instalaron hace unos 2.000 millones de años en grandes bacterias huésped y que acabaron alojadas para siempre en lo que serían más tarde las células de las plantas.

Ningún contrato de asociación ha resultado tan decisivo como éste para la vida en el planeta.

Muchas veces simplificamos al pensar que los árboles simplemente crecen y dan sombra. Creemos que eso es todo lo que hacen. Sin embargo, albergan más de un secreto. Poseen inteligencia, memoria, y funcionan como el verdadero vínculo entre el cielo y la tierra. Los árboles son los seres vivos más altos y más viejos que conocemos. Cada árbol es un pequeño ecosistema con miles de organismos en interacción. Transforman dióxido de carbono en oxígeno y alimentan la vida.

Pero, a veces, sólo vemos en ellos recursos económicos y nos perdemos el milagro de la vida, porque la fotosíntesis es una maravilla. Tierra, agua y fuego quedan conectados gracias a los árboles por un proceso que ellos sí saben hacer y nosotros, no. Sus hojas atrapan los fotones del sol y utilizan su energía para descomponer moléculas de agua en oxígeno e hidrógeno. El primero permite el proceso de nuestra respiración; del segundo se obtiene toda la materia de la que están hechos los seres vivos, simplemente combinándolo con dióxido de carbono de la atmósfera y añadiendo un poco de nitrógeno de la tierra.

Nosotros sólo somos sus parásitos: tenemos que comerlos, o comer los animales que se alimentan de ellos, para aprovecharnos de este proceso básico. Sin la fotosíntesis se habría interrumpido la evolución porque lo que de verdad nos alimenta se cuece en el interior de las hojas de los vegetales. ¿No se ha preguntado nunca de dónde proviene la energía que tiene después de comerse, por ejemplo, un muslo de pollo? Pues del grano que ese pollo comió en su día. O sea, de las plantas. Al principio de cualquier cadena de alimentación hallaremos siempre los vegetales que fabrican en silencio la materia que transmitirá la energía a todos los seres vivos.

La principal tarea de un árbol es mantener las hojas bien arriba en el cielo, donde pueda obtener mucha luz, muchos fotones.

Para ello es imprescindible un material resistente. De ahí surge el invento maravilloso de los árboles, la madera, necesario para el desarrollo de la civilización. Barcos, arquitectura compleja..., la vida sería inimaginable sin esta mezcla entre celulosa y lignina, dos materiales blandos que, combinados, dan la rigidez necesaria a la madera, del mismo modo que dos metales ligeros como el cobre y el estaño dan lugar a un metal muy duro como el bronce.

El tronco acerca las hojas al cielo, y las raíces lo conectan con la tierra —hasta treinta metros pueden llegar a descender en busca del nitrógeno y de las sales minerales—. En algunos casos sólo lo consiguen gracias a la cooperación con las bacterias, un ejemplo más de que en la naturaleza la cooperación es una fuerza tan poderosa como la competición.

Cooperación natural

El naturalista y escritor británico Colin Tudge dice que hay una idea generalizada —y errónea— de la naturaleza: que las criaturas se pasan todo el tiempo peleando, lanzándose al cuello de las demás.

Incluso el propio Darwin sabía que esto no era así, que en gran medida los animales y las plantas cooperan; y la cooperación es una fuerza tan poderosa como la competición. Si las plantas o los animales fueran por la vida solamente compitiendo, fracasarían; pero tienen éxito, porque cooperan.

Los árboles tienen que pelear por su espacio, para que no se los coman las ardillas, los insectos, los pájaros..., pero también deben encontrar maneras de cooperar. Tudge pone como ejemplo un fenómeno llamado fijación de nitrógeno. Para convertir azúcares básicos obtenidos con la fotosíntesis en proteínas hay que añadir nitrógeno. Y el nitrógeno procede del suelo. La mayoría de árboles y plantas obtienen su nitrógeno en forma de nitratos y hay grupos de árboles curiosos, como los leguminosos, que tienen bacterias en las raíces que extraen el nitrógeno del aire y lo convierten en nitrato. De esta forma, el árbol puede utilizar esta fuente de nitrógeno para fabricar proteínas. Así, el árbol está obteniendo, en realidad, el nitrógeno de las bacterias y éstas lo obtienen de la atmósfera. Es una colaboración realmente maravillosa.

Los árboles se las ingenian para hacer todo esto, todo lo que necesitan, sin cerebro, sin mente, sin sistema nervioso. Pero no están simplemente ahí, inertes. Los árboles tienen que anticiparse a los cambios de estación: a lo largo del invierno se preparan para el brote de hojas cuando llegue la primavera, y en pleno verano anticipan ya la llegada del otoño. ¿El secreto? ¡Ah!..., miden la duración de las noches, segundo a segundo, para saber cuándo cambiarán las estaciones. No tienen cerebro, pero los cambios de estación no les sorprenden nunca porque son capaces de *recordar*. Cuando uno se ha visto expuesto a un viento que lo ha hecho tambalearse, no lo olvidará nunca y, por asombroso que parezca, se volverá más grueso. Si un año lo atacan las orugas, al año siguiente producirá unas hojas muy cortas que las incomodan.

Tudge también ha investigado por qué en Gran Bretaña hay sólo 39 especies autóctonas de árboles o en el norte de Canadá 9 especies comunes mientras que en los Trópicos, en su conjunto, hay unas 60.000 especies.

Una primera explicación posible tiene que ver con la historia. En el norte, las glaciaciones arrasaron con todo y eso exterminó totalmente los árboles. Así que han tenido diez mil años para volver a aparecer. Y no muchos de ellos lo han hecho. En cambio, en los trópicos, las glaciaciones tuvieron su impacto, pero no acabaron con todo; lo que hicieron, probablemente, fue fragmentar la selva. Así que, en lugar de tener una selva continua, todo pasó a ser mucho

Los árboles se las ingenian para hacer todo lo que necesitan sin cerebro, sin mente, sin sistema nervioso.

más árido y surgieron muchas parcelas distintas. Y las selvas poco uniformes dan lugar a las condiciones ideales para crear más especies.

Otra explicación muy interesante es que vivir en el norte, por ejemplo en Canadá, supone enfrentarse al frío y al clima extremo. Los únicos seres que pueden vivir en el norte son los que son muy resistentes y eso reduce el número de especies que pueden hacerlo. Todos los árboles de Canadá tienen adaptaciones increíbles para vivir en condiciones de mucho frío.

En el trópico, en cambio, puede vivir cualquiera.

Después de años dedicado al estudio de la Tierra, Colin Tudge asegura que para que nuestra especie sobreviva lo que necesitamos es una agricultura orientada a alimentar y a dar trabajo a la gente, y a cuidar el medio ambiente. Esta idea de la agricultura se aleja de su concepción actual: produce mucho dinero de manera totalmente insostenible. Para él la fórmula de las sociedades agrarias tradicionales, donde había cientos y cientos de personas trabajando en una misma zona, es mucho mejor que la actual, porque se aprovecha más la tierra, de un modo mucho más seguro, y se consigue más de los animales y las plantas.

El secreto del canto de los pájaros

Aunque nos perdemos el significado profundo del olfato —el código de las impresiones de la orina y los excrementos que reconocen otros mamíferos—, los seres humanos y las aves vivimos en el universo de los colores y los sonidos. No se puede enseñar a un chimpancé a cantar; sin embargo, el pájaro lo aprende desde pequeño, porque no nace sabiendo cantar. Según el filósofo y compositor David Rothenberg, los pájaros pueden aprender a cantar de varias maneras: a veces aprenden de los machos adultos; a veces de sus padres; y en algunas especies se lo imaginan y lo improvisan. Pero siempre tienen que aprender.

Ahora hemos descubierto que sus trinos tienen muchos atributos similares a la música de los seres humanos: patrones, repeticiones, cantos virtuosos, ornamentación, inversión... Usan la siringe —nosotros usamos la laringe— y por ello hacen cosas maravillosas con el sonido, ya que disponen de dos cámaras que permiten emitir dos sonidos a la vez. Lo curioso es que, cuando están en cautiverio, los pájaros cantan, en ocasiones, incluso mejor que cuando están en libertad. El neurobiólogo Fernando Nottebohn descubrió que cuando un canario aprende una nueva canción está generando nuevas neuronas, nuevas conexiones neuronales en su cerebro. Es un descubrimiento increíble porque no hay muchos pájaros que puedan hacerlo; en cambio, los canarios adultos —sólo durante determinados períodos del año— pueden aprender nuevas canciones.

El canto más complejo que existe tal vez sea el del Albert Lyer Bird de Australia. Tarda seis años en aprender a cantar. Con la siringe imita el sonido de las alas volando y otros sonidos extraños. Como cría en invierno, y la selva está en silencio, cuando otros machos empiezan el canto para marcar el territorio él imita todo tipo de sonidos, con una estética de fragmentos: un sonido muy de vanguardia. Con ello alberga, tal vez, la esperanza de que alguna hembra le haga caso; pero ellas, que sólo ponen un huevo cada dos años, no están muy interesadas en escucharlo. Sin embargo, el pájaro sigue cantando. Si no está defendiendo un territorio ni seduciendo a la pareja, ¿por qué canta?

Otro fenómeno fantástico relacionado con los pájaros me lo contó Rothenberg. Existen unas aves del sur de Asia llamadas tordos garrulos (*Garrulax leucolophus*) que pueden improvisar un canto cuando le oyen a uno cantar. Este compositor estaba en el aviario nacional en Pittsburg, tocando su clarinete junto a los pájaros. Se dio cuenta de que ellos cantaban sus propias melodías hasta que algunas de las notas de su clarinete empezaron a interesar a un grupo de pájaros que reaccionó y empezó a interactuar con él, respondiendo y cantando las mismas melodías, como si fueran músicos de jazz.

Mientras surgen más descubrimientos acerca de las similitudes entre los cantos de los pájaros y la música de los seres humanos, la biología de los pájaros y la de los humanos, inevitablemente nos preguntamos: ¿representamos una diferencia de grado en este proceso o estamos muy separados? La música es posible que evolucionara mucho antes que el lenguaje y que sea algo que compartimos con los pájaros y con los cetáceos.

Según Rothenberg, el canto de los pájaros encierra más significado que un simple mensaje. Los complejos cantos de los pájaros comparten muchas de las estructuras de la música de los seres humanos.

Darwin, en *El origen del hombre*, menciona que «los pájaros tienen un sentido de la estética natural y aprecian la belleza, y por eso tienen un plumaje precioso y cantan canciones muy bonitas». Darwin no sólo dijo que los pájaros cantan melodías para defender los territorios o para atraer a la hembra; tal vez dejó entrever la respuesta a la pregunta que me hacía antes. A algunos pájaros no les haría falta cantar de un modo tan sofisticado y bello para marcar el territorio y seducir a una hembra. Les bastaría con menos. Quizá están buscando la belleza para sentirla. Tal vez canten, simplemente, para disfrutar.

Decir esto no es necesariamente antropocéntrico. Los biólogos y los científicos analizan el comportamiento en la naturaleza y dicen que todo lo que sucede tiene una motivación, que cumple una función en la marcha de la evolución. Esto es compatible con buscar la belleza y disfrutarla porque está inscrito en los circuitos cerebrales de motivación y recompensa. Como la música. Como el amor. El entretenimiento forma parte de la selección sexual. El amor, de la selección natural.

Inteligencia animal

Gracias a los estudios del comportamiento de los primates no humanos estamos aprendiendo cómo funciona el proceso cognitivo en ellos y, de paso, cómo funciona el nuestro. Es más, nunca sabremos lo que es el conocimiento humano sin haber ahondado en lo que compartimos con el resto de los primates. En estos momentos, los mejores científicos están dejando de referirse a la inteligencia como el atributo eminentemente humano que nos diferenciaría del resto de los animales. Preferimos ahora aceptar que hay conocimiento o incluso pensamiento en varias especies cuando afloran tres características: la flexibilidad en el comportamiento no encadenada necesariamente a la genética, la representación mental de un escenario que permite variar su composición y algo que es inherente a las dos, la complejidad.

Existen organismos, incluidos los humanos, que han aprendido una serie de cosas que les permiten diseñar estrategias a la hora de cumplir un determinado objetivo. Lo que te han enseñado puedes olvidarlo, descartarlo o modificarlo y, por ello, este tipo de aprendizaje no genético suele ser flexible.

Mi perra solía tirar de mí hacia la panadería del barrio —y yo aceptaba ir por otras razones, como la de comprar el pan— porque la amable dependienta siempre le daba un bollo. La verdad es que, sin cierta flexibilidad, no se activa un proceso cognitivo complejo. Si un día no estuviera la dependienta amable y nadie le diera nada a mi perra, al día siguiente volvería a tirarme hacia la tienda. Ahora bien, si no hubieran premiado con el bollo a la perra durante un mes seguido, habría dejado de tirarme en aquella dirección al regresar del paseo. El hecho es que, sin cierta flexibilidad, no se puede hablar de conocimiento o pensamiento.

Todos hemos tenido amigos, animales unos y humanos otros, que no dan muestras de la suficiente flexibilidad en sus costumbres. En lugar de discutir en el futuro si mi jefe o director de departamento es más o menos inteligente que un cuervo o un perro, vamos a sopesar primero si reúne la flexibilidad suficiente de comportamiento; la capacidad para crear una representación mental, que le permite intuir o recurrir a la memoria, después; y, por último, la complejidad inherente a las dos. Las tres cosas se pueden dar en diferentes especies: en una especie de los primates, por ejemplo, y no darse las tres, en cambio, en mi director de departamento.

No hay que tener miedo de aceptar que una persona o un animal no humano está pensando, cuando resuelve el problema que se le plantea, recurriendo a la flexibilidad y a la representación mental.

Por representación mental quiero decir la capacidad de imaginar, intuir o anticipar lo que puede ocurrir si algo o alguien cambia de situación o conducta. Si mi jefe tiene manías y no es capaz de cambiar la hora en la que suele tomar café, a pesar del trabajo acumulado en un día determinado, y, además, es el último en enterarse de que el ciclo económico es ahora adverso, estará haciendo gala de una inflexibilidad e incapacidad de representación mental que lo catapultan como incompetente a los ojos de los demás.

La gran ventaja de arrinconar la antigua división entre los humanos, supuestamente inteligentes por una parte, y el resto de los animales es que nunca podremos definir la naturaleza de los procesos cognitivos de los primeros sin haber identificado aquellos aspectos del conocimiento que compartimos con nuestros parientes más cercanos, los grandes simios.

Según Michael Tomasello, psicólogo y primatólogo del Instituto Max Planck de Antropología Evolutiva, el aprendizaje de los simios y el nuestro es muy similar en muchos ámbitos, como el aprendizaje espacial o el uso de instrumentos. La diferencia principal es la social: a los niños se les enseña cómo deben utilizar los instrumentos y aprenden por imitación, observando a otros, y obtienen mejores resultados que los chimpancés. Los humanos adultos tienden a enseñarles a sus hijos a utilizar herramientas y otras cosas. En cambio, los chimpancés generalmente no suelen instruir a sus crías.

Parece que el aprendizaje en los chimpancés, y en otras especies, es más el fruto de un esfuerzo individual, mientras que para los humanos es el resultado de algo social. La cultura de los humanos está basada en la acumulación de conocimiento, mientras que la cultura de los chimpancés no está basada en esta acumulación.

Una de las grandes diferencias que nos separan de los chimpancés es que ellos sólo saben, no creen. Tomasello explica que lo que no pueden entender los chimpancés, a diferencia de nosotros, son las creencias falsas, es decir, el que alguien crea algo que no es verdad. Esto hace que para ellos la realidad y el saber sean lo mismo, no son capaces de disociar el saber y las creencias, de la realidad concreta.

El primatólogo Josep Call, que dirige el Instituto Max Planck de Antropología Evolutiva, reconoce que después de años de investigaciones lo que le encantaría ahora es saber si un chimpancé tiene consciencia, si recuerda su infancia o aquella vez que se encontraron con el leopardo. Hoy en día todavía no tenemos instrumentos que nos permitan saber esto porque no conocemos su lenguaje ni les podemos preguntar cosas. Pero Call asegura que lo que sí sabemos es que algunos animales son capaces de pensar, en el sentido de que pueden invocar, por ejemplo, objetos que no están presentes porque tienen una representación mental del objeto, tienen una vida interior. Pueden utilizar esta información para realizar inferencias, son capaces de solucionar problemas utilizando esta información

¿Cómo se adapta el organismo al tiempo?

Cuando se habla del tiempo suele pensarse en la física, en la relatividad, en el hecho de que el tiempo ya no es un valor absoluto ni igual para todos, ni que siempre avance en un sentido irreversible.

A veces, también se piensa en la psicología, es decir, en la diferencia que hay entre nuestra percepción y la realidad del tiempo, o en la sensación difusa, pero generalizada, de que pasa más rápido cuando envejecemos.

Lo lógico, sin embargo, sería abordar el tiempo desde nuestra propia biología. La vida tal y como la conocemos ha evolucionado en un planeta que gira sobre su eje, creando un patrón temporal diario de luz y oscuridad, de noche y día. El tiempo está profundamente incrustado en nuestros genes. Las células del cuerpo, las bacterias, las plantas y el resto de los animales son capaces de medir el tiempo: en este sentido, los relojes biológicos son adaptaciones perfectas a nuestro entorno que logran sincronizar el tiempo astronómico con el tiempo interno del organismo.

Hay muchas anécdotas que reflejan esta adaptación sigilosa. Nuestra capacidad para realizar tareas mentales y rendir cognitivamente tiene su punto álgido sobre las doce del mediodía; luego disminuye y aumenta de nuevo al atardecer. Se trata de un fenómeno muy dinámico comprobado en numerosas ocasiones. En un estudio de la Universidad de Toronto se analizó cuál era la mejor hora para estudiar de adultos y adolescentes. Se descubrió que los adolescentes alcanzan un buen rendimiento a media tarde y que, además, tienen la capacidad de ignorar casi todas las distracciones ambientales. Los adultos, en contraste, son marcadamente sensibles a cualquier distracción. Así que cuando decimos a nuestros hijos adolescentes, con absoluta convicción, aquello de: «Es imposible que puedas hacer los deberes con este ruido», ¡tal vez sí pueden!

También sabemos que al final del día, entre las seis y las ocho de la tarde, la tensión arterial sube, la temperatura corporal es más alta y, respecto al rendimiento atlético, un nadador olímpico puede nadar cien metros 2,9 segundos más rápido a las seis de la tarde que a las seis de la mañana. ¡2,9 segundos suponen ni más ni menos que la diferencia entre llegar el primero o el último! Sobre las nueve de la noche, la glándula pineal empieza a segregar melatonina y nos preparamos para el descanso y para el sueño y a partir de las once se inhibe nuestra necesidad de evacuar para evitar que tengamos que levantarnos durante la noche.

Según Russell G. Foster, catedrático de Neurociencia Molecular en la Facultad de Medicina del Imperial College de Londres, el reloj biológico establece un mecanismo cerebral para ajustar nuestra fisiología y comportamiento a los requisitos de actividad y descanso del ciclo día/noche.

Ocurre que el reloj se adapta muy mal a los cambios imprevistos. De ahí el *jet lag*. De ahí también que muchos de los grandes desastres, como Three Miles Island o Chernóbil, ocurrieran de noche, ya que el cuerpo humano no se adapta bien a trabajar de noche. Nadie se extraña de que al tomar alcohol disminuya el rendimiento de la persona que bebe, pero todo el mundo se quedó atónito cuando se comprobó, en un estudio reciente, que conducir un coche a las cuatro de la madrugada supone un riesgo parecido.

Rusell G. Foster cree que estamos llenos de «relojes internos». Hay unas estructuras cerebrales llamadas núcleos supraquiasmáticos, que tienen incluso los organismos más simples, que generan una señal principal que coordina la actividad de los relojes internos en casi cualquier célula del cuerpo.

La frase «Cada cosa, a su tiempo» es un pensamiento reflejo del imperio del reloj biológico. Los protagonistas del botellón de madrugada lo olvidan. El poder metafórico de los homínidos llevó a Maurice Thorez, secretario general del Partido Comunista francés, a dar a sus militantes el mejor consejo que se haya podido dar en toda la historia de la humanidad: «Poneos delante de las masas, pero no demasiado adelante para no encontraros solos y gesticulando». Detrás de aquel consejo latía el reloj biológico que todos llevamos dentro.

Los animales y las plantas también tienen su calendario y su reloj interno. La emigración y otros procesos fisiológicos, como la hibernación, la floración o la reproducción, son procesos complejos que no se pueden improvisar. Semanas antes de emigrar, las aves empiezan a acumular grasa para poder recorrer miles de kilómetros sin alimentarse.

Cada año, a finales de octubre, millones de mariposas monarca llegan a los bosques michoacanos, en México. Recorren más de cuatro mil kilómetros desde el norte de Estados Unidos para reproducirse y luego retornar. ¿Cómo se sincroniza el viaje de tantos animales? Necesitan saber qué día es para adaptar sus ciclos vitales y aprovechar al máximo las condiciones ambientales. La mayoría de las especies se reproducen para que sus crías nazcan en primavera o en verano, cuando la probabilidad de supervivencia es más elevada.

Cada estación está asociada a unas determinadas características ambientales de temperatura, humedad y a un factor clave: el fotoperiodo. Los animales y las plantas han aprendido a medir el fotoperiodo para saber en qué estación del año están. Para ser más exactos, miden la longitud de la noche. La glándula pineal de los animales segrega melatonina durante las horas de oscuridad: es una sustancia clave en la sincronización de los ritmos diarios y anuales. La melatonina circula por la sangre y permite que los distintos órganos sepan que es de noche. Del mismo modo, si la noche es larga, el pulso de melatonina también lo es, indicándole al organismo que es invierno. Así pues, la presencia o ausencia prolongada de melatonina sería el detonante de determinados procesos anuales como la reproducción, la emigración o la hibernación.

Itinerario 7

El poder de los cambios

La importancia de cambiar de opinión

¿Se imaginan un mundo donde la gente supiera gestionar sus emociones? Un mundo donde, por fin, se hubiera aceptado que, siendo iguales ante la ley, es distinta la mentalidad de los hombres y las mujeres. Un mundo donde —igual que los monos más sofisticados— fuéramos capaces de cambiar de opinión. Es el mundo que viene.

En un campus universitario de la costa oeste de Estados Unidos, se estaban congratulando mis amigos norteamericanos de lo bien que se comportaba un ratón con el que estaban experimentando su conducta a raíz de una serie de incentivos muy meditados. La reacción era tan buena que un biólogo perverso sugirió que, de vez en cuando, no se recompensara la buena conducta del animal. ¿Cómo reaccionaría si, a pesar de haberlo hecho muy bien, no se le daba el premio? Lo probaron: las tres primeras veces el ratón, defraudado, puso todavía más ahínco y precisión en la ejecución de las instrucciones. «Se podría aplicar en las políticas de personal de las corporaciones», sugirió el biólogo pérfido. A la cuarta de hacerlo todo bien sin recompensa, el ratón se desmoronó y no quiso seguir el juego.

El médico y neurólogo portugués Antonio Damasio postuló hace unos años que no valía la pena iniciar ningún proyecto sin emoción. Sobre todo los actores, los músicos y los deportistas tenían que saber colocarse en el lugar del otro y empatizar con el proyecto. Sin emoción no se consigue el éxito. Si se le pone demasiada emoción a los proyectos —era el reproche que se solía hacer a mi cantante de ópera preferida, la Callas—, se corre un riesgo enorme de errar en la ejecución operativa del mismo. Emocionarse sí, pero no demasiado.

El neurólogo Ranulfo Romo pudo constatar una certeza extraordinaria. Descubrió cómo los monos rhesus, con los que trabajaba, eran capaces de cambiar de opinión: en caso de posponer una decisión, su memoria almacena los datos necesarios —quedan codificados tanto las diferentes alternativas como la información sensorial del pasado— para poder cambiar la decisión final. Los humanos, en cambio, siguen empeñados en pensar que cambiar de partido, de opinión o de camisa es una especie de traición imperdonable. En tiempos de crisis, no obstante, la única salida puede ser cambiar de opinión, de lugar o de trabajo. Si hasta la materia cambia de estructura, ¿cómo no va a ser normal cambiar de opinión?

El regalo de vivir

No somos conscientes de las cosas más obvias. Si lo fuéramos, nos plantearíamos la vida de modo distinto. Voy a poner un ejemplo para ilustrar la necesidad de cambiar nuestra perspectiva en algunas cuestiones fundamentales.

Entrar y salir de la vida constituye una peripecia casi siempre dolorosa y, en todos los casos, muy arriesgada. El feto está dentro del útero en un entorno templado, protegido de la luz y el ruido; oye los sonidos de la madre y el latido de su corazón. Está muy a gusto. Y de pronto, todo cambia a peor. Sale profiriendo gritos de espanto.

Si le preguntaran al recién nacido qué es la vida contestaría, por supuesto, que el biólogo de la NASA Ken Nealson tenía razón:

«La vida es una equivocación. Tened siempre presente —aconsejaba a los miembros de su equipo encargado de buscar vida en el planeta Marte— que si descubrís algo muy extraño o inaudito vale la pena pararse a analizarlo porque podría ser vida».

¿Y qué decir de la salida de la vida? Mientras los físicos discuten sobre la existencia del tiempo, el resto de los mortales van coleccionando las huellas de que el tiempo existe: las canas a partir de una determinada edad, la menopausia o la pérdida progresiva de la energía sexual, las enfermedades degenerativas y, por fin, un ictus benevolente que ofusca la mirada, los gestos de la cara o los movimientos del cuerpo.

La salida de este mundo de cuatro dimensiones no es menos doloroso e incierto que la llegada. Ni la una ni la otra son fáciles de asimilar.

Justo en medio está el esplendor de la vida exterior: la belleza de los colores, que no están en el Universo sino en nuestra retina; la sofisticación de la vida microbiana con sus competiciones incesantes, que nuestro gran tamaño nos impide apreciar en toda su riqueza; la inmensidad del firmamento, con sus lluvias de estrellas, tan grandes como el Sol, que nuestro tamaño demasiado diminuto no nos permite aprehender... Entre la llegada y la salida está también el esplendor de la vida interior: la ausencia del miedo, que es un arrebato para que florezca el sosiego y la felicidad; los instintos morales innatos, que llevan a colaborar con desprendimiento, cuando no prevalece el egoísmo utilitario; el instinto de fusión irreprimible con otro organismo en busca de amparo —los mecanismos del amor—, que conducen a la construcción del nido; el equilibrio fascinante —cuando los factores de agresión celular, como la contaminación, no superan el poder regenerador de las propias células— que mantiene viva a la comunidad andante de células que somos...

Desde luego, no tiene perdón de Dios que algunos homínidos, con sus ideas equivocadas y sus actos violentos, conviertan el entreacto esplendoroso de la vida en algo no menos abrupto y doloroso que la llegada y la salida atormentadas. El gran cambio que deberíamos hacer es darnos cuenta precisamente de que hay vida antes de la muerte.

El poder del entorno

En mayo de 2008 pasé unos días en la Universidad de Harvard con el biólogo y antropólogo Richard W. Wrangham. Cuando no está en Harvard, Wrangham está en Uganda estudiando a los primates más cercanos a nosotros, como los chimpancés y los bonobos, en el mismo lugar en el que lo hacía la primatóloga Jane Goodall, que de pequeña adoraba a los chimpancés. De mayor no dejó de quererlos, pero tuvo que comprobar y digerir que los chimpancés —con los homínidos— eran los únicos mamíferos que convivían pacíficamente en grupos de machos y, de pronto, sin saber muy bien por qué, podían asesinar sin piedad a otros grupos.

Los bonobos son los otros primates más cercanos a nosotros. Su parecido, también insólito, tiene dos vertientes. En primer lugar, manifiestan un talante juvenil y, a veces, cómico. Les gusta reír y hacer reír. Sigue siendo un misterio el porqué de esta jovialidad. El segundo parecido es menos incomprensible: el sexo nos vuelve locos, aunque a los bonobos, mucho más.

Para ser sincero, hay tres cuestiones fundamentales que aún no hemos sabido resolver, tal vez porque el estudio científico de los chimpancés en su medio arranca muy tarde, hacia mediados del siglo pasado. Los tres misterios, muy fáciles de enunciar y muy difíciles de desentrañar, son: la violencia y la agresividad —tempestuosa e innata—; la tolerancia y la amabilidad de la que los humanos hacen gala de un tiempo a esta parte incansablemente, y, por último, por qué los bonobos son más eróticos que nosotros. En todo lo demás somos muy parecidos. Un atisbo de respuesta puede venir de la importancia de los cambios. Veamos.

Es interesante descubrir las ramificaciones sociales de los grandes debates científicos. Tras haber discutido durante décadas la importancia relativa de la naturaleza o de los genes frente al entorno —*nature versus nurture*, en la terminología anglosajona—, estamos descubriendo que los humanos violentos pueden inhibir su agresividad, o expresarla de otra manera, cuando cambiamos el entorno.

Hoy sabemos que si se toman las medidas adecuadas para que los machos no tengan que matar para conseguir comida o sexo, pueden dejar de hacerlo. Lobos domesticados durante veinte o treinta generaciones acaban teniendo las mandíbulas de un perro y el carácter de un animal domesticado. La supresión paulatina de la poligamia —que está en las raíces de las diferencias de comportamiento de género y de la violencia en los estamentos sociales más pobres y excluidos del sexo— redundaría quizá en sociedades menos depredadoras de la mujer. Lo que nos está enseñando la biología es que vale la pena intentar variar las características del entorno y la propia gestión de las emociones para evitar que se impongan los impulsos biológicos, sobre todo cuando son compulsivos y agresivos. No sirve de nada descubrir las causas de la violencia desgarradora si no se toman medidas para evitar los infanticidios o la violencia de género.

Durante siglos, se ha intentado descubrir lo que vuelve malas a las personas. Se lo han preguntado filósofos, poetas, dramaturgos y estudiosos de todo tipo y han llegado a muchas respuestas distintas. Muchos quieren creer que las personas nacen buenas o malas, como si una línea divisoria colocara a las personas a uno u otro lado.

Los humanos, los chimpancés y los bonobos son muy parecidos.

Carceleros y chimpancés

El psicólogo Philip Zimbardo creció en un barrio pobre de Nueva York y está convencido de que el entorno puede moldear a las personas y hacer que los buenos sean malos. Para demostrarlo llevó a cabo un experimento espeluznante en 1971. Cogió a 75 estudiantes voluntarios y los encerró en una prisión. Eligió de forma aleatoria los que serían carceleros y los que serían reclusos. Se trataba de buenos chicos, estudiosos y muy hippies en su mayoría y todos sabían que estaban participando en un experimento. Pero el entorno les convenció y al segundo día los carceleros habían asumido su rol, estaban convencidos de que los presos eran peligrosos y que había que controlarlos. A su vez, los reclusos creían que estaban encarcelados de verdad.

Los carceleros empezaron a maltratar a los reclusos y la cosa se les fue de las manos, convencidos de que los presos eran personas peligrosas, hasta el punto de que el experimento se tuvo que cancelar mucho antes de lo previsto. Zimbardo confirmó así su teoría: vivimos en instituciones como la familia, la escuela, el ejército o la policía en las que nadie nos dice que hagamos algo malo, sino que nos dan unas reglas. Nos asignan un rol, vemos a los demás haciéndolo y queremos gustarles. Así, uno empieza a hacer cosas que quizá no encajen con su moral, pero que todo el mundo hace.

Otros científicos, como el primatólogo Richard Wrangham, a cuyos trabajos me he referido en páginas anteriores, también han realizado investigaciones que confirman la influencia del entorno en la conducta. Wrangham ha descubierto que en África los chimpancés del oeste se comportan de un modo distinto que los del este. No debe de ser imposible, entonces, disecar cognitivamente la evolución de las conductas diferenciadas de los chimpancés para detectar las razones ecológicas y sociales del comportamiento menos infanticida, menos territorial, menos depredador y agresivo.

En vez de lamentar que nuestros antepasados fueran extremadamente violentos —como nosotros antes de que nos domesticáramos algo—, pongámonos manos a la obra para crear los estímulos ecológicos y sociales para el cambio. Si hubiera un ejército que aislara a los depredadores del resto, ¿habría menos violencia?

Cambios en la identidad social

Resulta sencillamente absurdo que los antropólogos y psicólogos no evalúen hechos tan singulares como la solidaridad repentina entre partidarios de equipos rivales como el Athletic de Bilbao y el FC Barcelona. O, más sorprendente todavía, la simpatía suscitada en aficionados del Real Madrid, y no sólo del Barcelona, por figuras como el entrenador Pep Guardiola. O el alcance de la desconsideración hacia valores tradicionales como el apego a la monarquía o al himno nacional. Hay que estar ciego para no darse cuenta de que en el fútbol se están viendo señales de transformaciones profundas en la sociedad.

España se caracteriza por un interés idéntico al que existe en otros países por analizar el comportamiento individual, unido a un desinterés asombroso —en eso somos distintos de otros países vecinos— por profundizar en la identidad social de los grupos, los móviles de la conducta colectiva, cuáles son los valores gregarios en decadencia y cuáles los que están arrasando. Se sigue escarbando en los parámetros sexuales, estéticos, laborales o morales de las personas en las consultas de los expertos, pero nadie o muy pocos intentan analizar las transformaciones que se están produciendo en colectivos como los gallegos, andaluces, catalanes o el conjunto de los españoles.

¿Que está ocurriendo con lo que los expertos llaman la identidad social? ¿Qué ideas se están extendiendo y cuáles desapareciendo? Puesto que carecemos de estudios, incluso preliminares, que indiquen la naturaleza de lo que somos ahora, en lugar de lo que éramos antes, nos tendremos que basar en indicios y ser particularmente cuidadosos de no confundir —al buscar las causas— la coincidencia de fenómenos distintos con relaciones de causalidad.

Richard Wrangham asegura que los humanos somos muy tranquilos y que los cambios que nos depara el futuro van a llevar a una domesticación creciente de nuestra especie. Según él, los machos humanos nos hemos feminizado mucho y sólo podemos esperar que este proceso siga aumentando en los próximos siglos.

Las demostraciones de solidaridad inusitada entre colectivos futbolísticos que siguen siendo adversarios realzan este tipo de teorías o sugerencias como las del psicólogo Steven Pinker, que asegura que nos estamos alejando de los patrones de agresión y acercando a los de convivencia. Somos menos agresivos y más altruistas de lo que éramos antes.

Es absurdo que los antropólogos y psicólogos no evalúen hechos tan singulares como la simpatía que despierta Guardiola, incluso entre algunos seguidores del Real Madrid.

En el mismo sentido apunta otro cambio todavía más trascendental de los tiempos modernos: la liberación sexual y social de la población femenina. Los científicos están constatando que, gracias a ello, sabemos ponernos más fácilmente en el lugar del otro y que el aprendizaje emocional es tan necesario como el académico.

Variaciones en el entramado social

No es difícil prever que en pocos años cambiará el entramado de las relaciones sociales: maestros-alumnos, miembros de la pareja, redes sociales afianzadas por la distancia, jefe-subordinado, dueño-animal doméstico. Y lo hará por tres razones básicas que están aflorando, pero que la mayoría no ha querido ver aún.

En primer lugar, estamos a punto de constatar que ni las mujeres, ni los hombres, ni los niños ni los animales —domésticos o no— son nuestros. Hasta hace poco se estaba convencido de que las mujeres eran propiedad del marido; que los maridos pertenecían a mujeres determinadas; que a los niños de uno se les podía zurrar porque eran incuestionablemente propiedad de uno y, por supuesto, los perros y gatos tanto como los pájaros domesticados no tenían más dueño que el que, de vez en cuando, los alimentaba.

Ahora resulta que ni siquiera la ley defiende estas posiciones tan arraigadas en la mayoría de los países. La propiedad privada y el consiguiente dominio se ejercen sobre los objetos, pero no sobre los organismos vivos, afortunadamente. Las consecuencias de la asimilación progresiva por parte de las sociedades modernas del cambio al que me refiero tienen ya repercusiones visibles en la vida diaria, donde se afinca el respeto a los márgenes de libertad mutuos en la pareja, la disminución en los niveles de maltrato a los niños o la revelación creciente y escandalosa de abusos sexuales con ellos; así como la creciente polémica en torno a la prohibición legal de deportes relacionados con animales en los países en que esos deportes se practican.

La segunda instancia de cambios inevitables en las relaciones sociales en el siglo XXI es bien distinta. Arranca de la comprobación científica de que los fármacos no son la única manera de remediar estados que nos afectan, como la depresión o la infelicidad, sino que existen otros caminos que tienen que ver con cambios en la manera de pensar, de actuar o de ejercitarse.

Muchas veces no nos hacen falta nuevos fármacos para sobrevivir, sino modos distintos de organizarnos. Se trata de algo totalmente nuevo, revolucionario y lleno de promesas relacionado con la recientemente descubierta plasticidad cerebral.

Mi experiencia individual —ejercicios aeróbicos, desentrañar el secreto de lo que disfruto y no de lo que me apena, movimientos o disciplinas nuevas como la música— incide directamente sobre mi estructura cerebral, sobre mi manera de ser conmigo mismo y hacia los demás. Poder contribuir mediante cambios de conducta a la generación de nuevas neuronas y de sus conexiones equivale a decir que —en contra de lo que se pensaba hasta ahora— se puede incidir sobre el crecimiento cerebral.

No es cierto que a partir de una edad o de enfermedades determinadas ya no puedan prodigarse nuevas neuronas o reflejos. El movimiento continuo es uno de los puntales de la nueva terapia. No es tanto el ejercicio físico —que también— como el movimiento. Andar, mover los brazos, jugar al dominó o a las cartas, tocar un instrumento, sumergirse en la lectura o en una relación personal. No parar. Eso lo hemos aprendido también del mundo del inconsciente. La diferencia entre la ceguera o la visión de un objeto estacionario está en el número de microsacadas que los mecanismos visuales son capaces de traducir en impactos neurales. Vamos hacia sociedades más activas, no menos, como se dice tantas veces.

Por último, los médicos, psiquiatras y psicólogos seguirán con interés creciente el impacto innovador de las redes sociales, del conglomerado de sus interacciones y aprendizajes recíprocos, que apenas hemos empezado a percibir. El entramado social será distinto.

Transformación cultural

Después de haber analizado los principales cambios en la identidad social, vale la pena detenernos a ver qué está pasando a nivel cultural.

Al parecer, las investigaciones más recientes apuntan a la cultura como el único atributo que nos distingue del resto de los animales; no es que ellos no tengan cultura, sino que la nuestra es distinta. La cultura de los humanos se caracteriza por el efecto trinquete, es decir, no cabe la marcha atrás ni el olvido y todo nuestro conocimiento es acumulado.

¿Por qué vale la pena reflexionar sobre los cambios que se están produciendo en la cultura? Sencillamente, porque están transformando nuestras vidas en mucha mayor medida que otros cambios, como el climático o la aparición de China como primera potencia mundial; aunque no lo parezca.

¿Qué es realmente nuevo y trascendental en materia cultural? En primer lugar, la irrupción de la ciencia en la cultura popular, ya lo he dicho en varias ocasiones. Unas veces, ciencia para andar por casa, como lavarse las manos y desinfectar la ropa, y otras veces, ciencia de investigaciones de laboratorio, como los antibióticos. Ambas han triplicado la esperanza de vida. Contamos con cuarenta años de vida redundante en términos biológicos y, por lo tanto, por primera vez en la historia de la evolución empezamos a explorar si hay vida antes de la muerte y, si la hay, a disfrutarla. Hasta hace bien poco, todo el mundo estaba obcecado únicamente en saber si había vida después de la muerte.

El segundo cambio excepcional consiste en haber aprendido que no sólo podemos cambiar la cultura, sino también los sistemas educativos y las estructuras cerebrales. El famoso experimento de los taxistas de Londres ha permitido comprobar que la experiencia individual podía afectar a la estructura de nuestros mecanismos mentales. Resulta que el volumen del hipocampo de los taxistas de Londres es significativamente mayor que el del promedio de los conductores británicos. ¿Por qué? Simplemente porque para saberse todo el callejero de Londres hace falta estar tres años ejercitando la memoria.

Por primera vez en la historia de la evolución, la ciencia nos está demostrando que somos dueños de nosotros mismos. Para conseguirlo, ¿cuál es el área o momento para actuar? También eso lo sabemos, gracias al experimento efectuado en la Universidad de Columbia, en Nueva York, del que he hablado en un itinerario anterior y que nos ha alertado sobre la importancia trascendental del período que va desde el vientre de la madre hasta los siete años de edad. Durante cuarenta años se ha seguido el comportamiento de niños a los que se había sometido en la escuela a pruebas de control de sus propias emociones. Los que habían resistido y sabido gestionarlas alcanzaron, en promedio, un mayor equilibrio en su etapa adulta. Por favor, no descuidemos este período de I+D, todo pagado, que va desde el nacimiento hasta los siete años. No sólo sabemos eso. La mayoría de los organismos internacionales pueden ahora aconsejar que la mejor opción para recortar los índices de violencia de las sociedades del futuro es la introducción del aprendizaje social y emocional en la más tierna infancia. Ocuparnos de aprender a gestionar algo de lo que no nos habíamos ocupado nunca: nuestras emociones básicas y universales.

Y por si fuera poco, se ha perfilado ya el consenso a nivel mundial para la imprescindible reforma educativa. Se deberá aprender a gestionar la diversidad característica del mundo globalizado en lugar de ocuparnos solamente de destilar contenidos académicos en las mentes infantiles. Contamos con las redes sociales para contrastar pareceres y culturas distintas gracias al soporte digital, que nos permite relacionar disciplinas dispares. Sin eso, la innovación es imposible.

Pequeños cambios para vivir mejor

Haga una prueba conmigo: póngase un lápiz atravesado en la boca sujetándolo con los dientes. Intente hablar, si puede, con el lápiz en la boca. Lo más probable es que no le entiendan los demás y que se rían y se ría usted con ellos. Se trata de un experimento sencillo para demostrar que un ligero cambio en una costumbre, como llevar o no llevar un lápiz en la boca, acaba incidiendo sobre el carácter o la naturaleza de una persona. El lápiz que atenazan los dientes obliga al intérprete a hacer gestos similares a los que adopta cuando se ríe: no sólo la emoción actúa sobre el gesto, sino que también es cierto a la inversa. A base de pasearse por la vida riendo, se acaba disfrutando de la risa y se siente uno más feliz.

Otro ejemplo más trascendente lo encontramos en un centro europeo de ayuda para integrar inmigrantes. Unas madres recién llegadas del norte de África que vestían el *niqab*, una indumentaria que oculta el rostro femenino bajo un velo oscuro, muy parecido a un *burka*, complicaban innecesariamente las tareas de confraternización a sus colegas europeas al no poder reconocerse. Aprendieron primero a confiar, al ver que se observaba lo prometido: en las reuniones sólo había mujeres. Una vez que estuvo el vínculo creado entre todas, apareció el deseo de poder saludarse por la calle. De reconocerse. Se dio con una solución natural, sin hacer ruido, un cambio que transformó sus vidas y las mejoró. Priorizaron la relación con los demás sin enfrentarse a las creencias que les recomendaban cubrir de alguna forma su rostro. Su opción fue continuar con el gran manto que cubre el cuerpo, pero dejar el óvalo de la cara libre y utilizar en las salidas públicas unas grandes y modernas gafas de sol. Podían saludarse con sus nuevas amigas y ser respetuosas y respetables, todo a la vez. No aprovechamos en todo lo que vale el subterfugio de modular o modificar determinados esquemas organizativos para conseguir cambios estructurales o de mayor importancia.

En los dos casos mencionados logramos incidir sobre el carácter de una persona enseñándola a incidir en su mente a través de sus gestos en un ejemplo, y a dejar que una variación pequeña en la vestimenta deje aflorar el sentimiento de la amistad sin quebrantar una convicción religiosa en el segundo caso.

¿Quieren otro ejemplo fascinante? He podido constatar personalmente en Nueva York el caso de un hotel desde cuyo último piso muchísimos suicidas no pudieron resistir la tentación de terminar con sus vidas. Bastó construir una pequeña barandilla lo suficientemente alta que impidiera tirarse por ella para que no hubiera más suicidios. Un porcentaje elevadísimo de los que no cometieron suicidio renunciaron después a la triste idea. Es lo que el psicólogo, Thomas Joiner, llama «restricción de medios». Se trata de poner impedimentos, como la barandilla del hotel de Nueva York, que no sólo evitan que una persona con intención suicida se mate, sino que parece que esa barrera provoca una inversión de la balanza en su mente, inclinándola hacia la vida. Hay estudios muy buenos que han llevado a cabo un seguimiento de suicidas en el puente Golden Gate de San Francisco. Concretamente en personas con la intención de saltar, pero que se evitó que lo hicieran. Se les hizo un seguimiento durante décadas y más del 95 por ciento todavía estaban vivos. Joiner está convencido del poder de los cambios, en este caso de que un cambio aparentemente pequeño puede prevenir muchos suicidios.

Reconsideraciones necesarias

¿Por qué no reconsideramos críticamente intereses adquiridos y situaciones heredadas que, por utilizar la expresión más benevolente, son cuando menos raras? Con todo lo que se ha hablado de consumo energético y la consiguiente producción de gases con efecto invernadero y cambio climático, ¿por qué no aprovechamos para echar una mirada a costumbres antiguas y arraigadas que se justifican difícilmente en el mundo que se avecina?

Vamos a ver. ¿Cuántos de mis lectores son conscientes de que gastamos nada menos que el 40 por ciento de toda la energía en el transporte y un 80 por ciento de este volumen en el transporte por carretera? Solamente el 20 por ciento restante, en transporte por ferrocarril, marítimo o aéreo.

Si queremos hacer algo en aras de la felicidad de la gente y el cambio climático, es muy difícil olvidar —lo están haciendo multitud de gobiernos, incluido el nuestro— que la mitad del transporte por carretera que acabamos de cuantificar porcentualmente se hace utilizando vehículos privados.

¿Hemos reparado alguna vez en el cuantioso perjuicio que causan los coches nuevos con que soñamos al irnos cansados a dormir? En primer lugar, el coche lo utilizamos para recorridos inferiores a seis kilómetros de promedio, lo que permite imaginar que no sería difícil encontrarle sustitutos limpios, como la bicicleta o el metro.

Gastamos el 40 por ciento de toda la energía en el transporte y un 80 por ciento de este volumen en el transporte por carretera.

En segundo lugar, son aterradoras las estadísticas sobre el tiempo que pasamos encerrados, casi herméticamente, en los coches que conducimos en ciudades congestionadas por el exceso de tráfico. ¿Alguien se ha parado a pensar en el volumen de dolor causado por los accidentes de tráfico?

El consumo de energía en la industria es de sólo el 20 por ciento. Lo podemos olvidar. El otro 40 por ciento lo consumimos en edificios, con toda su parafernalia de aires acondicionados y calefacción, que acaparan la mitad de ese gasto.

Dejemos a los políticos el detalle de las medidas que podrían tomarse para mejorar el cambio climático, ahorrar energía o paliar el dolor de las situaciones producidas por la estructura del consumo citado. El ahorro, tanto como el aumento de la felicidad de los ciudadanos, generado por reformas mínimas, no es nada despreciable. Desde la calle —y amparados por la irrupción de la ciencia y la cordura en la cultura popular—, ¿quién negaría la necesidad de transferir parte del transporte exagerado y contaminante por carretera al ferrocarril electrificado?, ¿quién negaría la necesidad de no subvencionar la compra de coches —como se viene haciendo—, sino la de dificultar como en Londres su acceso al centro de las ciudades?, ¿quién no constataría que cada grado de variación de temperatura por encima de 21 °C supone aumentar el consumo energético en un 7 por ciento?, ¿quién necesita más de 25 °C, incluso en los inviernos más fríos?

Hay quienes son partidarios de quedarse quietos, mientras que el resto —yo creo que la gran mayoría de la gente en la calle— considera que ha llegado el momento de cambiar de opinión.

El cuestionamiento constante de la ciencia

Por favor, si oyen a un científico afirmar que lo que él ha demostrado es irrebatible; si ven que no vacila al enunciar los principios de la termodinámica o las bases genéticas de la conducta humana, pueden estar seguros de que se trata de un impostor, alguien tan dogmático como el que más y que, desde luego, no se atiene al método científico.

La ciencia se caracteriza por cuestionar incluso principios tan básicos como la existencia de otra vida después de la muerte o la propia existencia divina. Pero por encima de todo, lo que caracteriza a la ciencia es que no para de cuestionarse a sí misma todo el rato. Y decir digo donde dije Diego.

Los ejemplos más recientes de lo que sugiero se han dado con dos órganos o mecanismos tan básicos de la existencia como el cerebro y el genoma.

El cerebro ha dejado de ser, repentinamente, el objeto más sofisticado del universo para convertirse en un subproducto bastante imperfecto de la evolución. Es más, creíamos que consumía nada menos que el 20 por ciento de la energía total disponible para profundizar en el conocimiento del mundo exterior, cuando acabamos de constatar que, con toda probabilidad, pasa casi todo el tiempo haciendo algo que nos ha hecho famosos a los humanos por hacerlo rematadamente mal: predecir el futuro.

El otro ejemplo del cuestionamiento constante de la ciencia de sus propios descubrimientos tiene que ver con el genoma, que comprende todo el material genético de los humanos. Resulta que sólo una pequeña parte forma genes; el resto tiene muy poca actividad. Pero hay más. Si se hubiera querido confundir al personal respecto a los genes —esta especie de soporte intergeneracional del secreto de la vida—, difícilmente se habría hecho mejor. El viejo principio de que el gen se servía de un esclavo/mensajero (el ARN) para hacer proteínas —el primer ladrillo de la vida— se ha derrumbado. El mensajero hace lo que quiere, o casi. De simple mensajero, nada de nada. Científicos como el genetista Thomas Gingeras han descubierto que la primera molécula que se formó fue el ARN, no el ADN. De modo que las formas de vida más tempranas posiblemente se formaron a partir de esta molécula. La biología se ha centrado durante años en el ADN, en su papel central y fundamental, y se olvidaron del ARN. Ahora, Gingeras reconoce que se están descubriendo nuevas funciones de esta molécula. Y es que la información que está en el ADN puede ir en dos direcciones: puede fabricar el ARN para que se formen las proteínas, los enzimas, los cimientos de las células, pero también puede hacer que el ARN trabaje para que lleve a cabo una función por sí mismo, como si fuera una molécula funcional a imagen y semejanza de las proteínas.

Antes se pensaba que el ADN era el único encargado de transmitir el secreto de la vida. Ahora se ve también que la llamada epigenética desempeña un papel fundamental. La epigenética es el estudio de modificaciones en la expresión de genes que no se encuentra en la secuencia del ADN y estas modificaciones son heredables.

La novedad es que ahora hemos descubierto cómo actúa el entorno sobre el ADN, por qué mecanismos quedan marcadas en los genes las experiencias vividas. Existen sucesos en el ámbito biomolecular que no tienen nada que ver con la molécula del ADN propiamente dicha, pero que también codifican algunas características heredadas. Una dieta o un entorno determinado, no sólo la mutación de los genes, pueden marcar el ADN durante varias generaciones; lo que constituye un verdadero sacrilegio en el debate biológico. Es muy útil tomar el caso de los gemelos: comparten idéntico genoma, pero la alimentación, el estrés y otras circunstancias ambientales de su desarrollo pueden hacer que se diferencien entre sí y determinar el que lleguen a padecer o no ciertas enfermedades. El ambiente deja marcas químicas sobre el ADN y sus histonas, las proteínas sobre las que se enrolla para empaquetarse en cromosomas. Marcas que determinan la activación o silenciación de la expresión de los genes sobre los que se encuentran.

Un ejemplo irrebatible lo ofrece una especie de pulga de agua. Cuando se ve amenazada por depredadores, le crece una especie de muralla defensiva que reaparece en sus descendientes si son fecundados en aquellos momentos de temor. Otro ejemplo increíble tiene que ver con las preferencias de las ratas a la hora de emparejarse: detestan hacerlo con machos cuyos abuelos fueron inoculados con un determinado fungicida. Las hembras parecían elegir pareja en función de una estructura epigenética, en lugar de por una diferencia genética.

Claro que los genes son muy importantes, pero los genes por sí mismos no hacen nada; se trata de una molécula, el ADN, profundamente relacional que sólo aporta algo en el contexto celular. Lo que convierte el ADN en una molécula viva es su dinamismo y sus interrelaciones. Como ha manifestado el médico y ensayista Lewis Thomas: «Mi hígado es mucho más listo que yo; preferiría pilotar un jumbo que dirigir mi propio hígado». Tendría que atender a demasiadas variables. Los genes son sólo una parte de la historia.

Modificar la mente

Aunque no seamos estáticos, solemos pensar que una vez alcanzada la madurez de la edad adulta nos convertimos en seres relativamente estables. Nuestro cerebro está diseñado para hacernos creer que permanecemos similares a nosotros mismos a lo largo de la vida. Este espejismo nos ayuda a sobrevivir: pensar en uno mismo como en un ser uniforme, que no varía demasiado, es tranquilizador y aparentemente nos hace la vida más fácil. Pero la gente subestima hasta qué punto su cerebro y su yo pueden modificarse.

El lavado de cerebro no es más que un ejemplo extremo de este fenómeno, un caso llamativo en el que se produce un cambio bastante radical en un período relativamente corto de tiempo.

El lavado de cerebro es un proceso de dos fases: hay que eliminar las creencias ya archivadas antes de instaurar las nuevas. La primera fase se puede lograr con todo un arsenal de técnicas: *electroshocks*, drogas o fármacos, entre otras. Introducir nuevas creencias, sin embargo, es un proceso muy difícil.

¿Cuáles son los requisitos para que una nueva convicción sea consecuencia del lavado de cerebro? Ante todo es necesario que intervengan fuertes emociones. Generalmente, la creencia se forma basándose en la información que nos rodea, y gran parte de esta información procede de factores externos, por ejemplo, otras personas. De manera que para que una convicción sea fruto de un lavado de cerebro, resulta útil que haya mucha gente alrededor que diga lo mismo, sin que nadie les contradiga. Así, la realidad se convertirá en lo que esa gente asegura.

Un ejemplo de ello es lo que sucedió en Jonestown, una comunidad que empezó como una misión cristiana fundamentalista y aislada, en la selva de la Guyana, y que desembocó en el suicidio colectivo de sus casi mil miembros. Los integrantes de la secta no tenían acceso a los medios de comunicación. Sólo su líder, Jim Jones, controlaba la información. La influencia del poder político como fuente de adoctrinamiento y de lavado de cerebro también es llamativa.

El psicólogo social Stanley Milgram realizó una investigación que demuestra algo espeluznante. En ciertas situaciones, dos tercios de un grupo de personas pueden exhibir un comportamiento muy cruel, simplemente, porque acatan una autoridad, sin ofrecer demasiada resistencia a lo que se les ordena. Estos resultados varían mucho cuando las personas a las que se les ordena ser crueles ven a su víctima o cuando se introduce en el experimento alguien que contradice la autoridad vigente.

¿Cómo podemos defendernos de un lavado de cerebro? Las personas varían en su grado de susceptibilidad al mismo, y en la facilidad con la que se les puede hacer creer cosas extrañas. Aunque no se termina de entender exactamente qué factores están en juego, existen algunas pistas: es mucho más difícil inculcar ideas en alguien con creencias fuertemente arraigadas.

En la jardinería encontramos una metáfora: es más sencillo diseñar un jardín que es como una jungla que modificar otro previamente organizado con rocas y plantaciones ordenadas. La clave puede estar en la educación, aunque algunos piensan que éste es, precisamente, el mejor ejemplo del lavado de cerebro. Si lo que prevalece en la educación son los intereses del educador que pretende conseguir un ciudadano agradable y dócil, proceden las acusaciones de lavado de cerebro. Lo opuesto a educar de esta forma sería inculcar en el alumno el pensamiento crítico, ayudarlo a pensar por sí mismo e, inevitablemente, a ser un poco escéptico. Los mejores sistemas educativos, como el británico, utilizan esa fórmula. Yo la prefiero a otros modelos menos críticos.

Itinerario 8

Las causas del desamparo actual

En qué se parecen un tigre agresor y un atasco de tráfico

Es muy importante saber lo que le pasa a la gente por dentro, pero es aún más importante y vital descubrir lo que más le preocupa de todo eso que le pasa. ¿Qué angustia a la gente?

Uno de nuestros grandes problemas actuales es el estrés. Tendemos a creer que el estrés lo provoca el exceso de trabajo y la falta de tiempo, pero cuando empezamos a escarbar descubrimos que ésa no es la razón, que las razones del estrés son otras.

La neurocientífica Sonia Lupien asegura que nuestro cuerpo reacciona de la misma forma cuando tenemos un tigre delante que nos quiere comer que cuando estamos atrapados en un atasco y nos ponemos de los nervios.

Cada vez que nuestro cerebro detecta algo que supone una amenaza, ya sea para nuestro tiempo o para nuestra vida, genera las hormonas del estrés para aportarnos la energía necesaria para combatir esa amenaza.

Tras treinta años de investigación científica, Lupien ha descubierto que hay cuatro características de una situación que provocan estrés. La primera es la novedad, la segunda es la impredecibilidad, la tercera es la sensación de que no controlamos en absoluto la situación y la cuarta es que debe representar una amenaza para nuestra personalidad. Cuantas más características se cumplan, mayor será el estrés que experimentemos, aunque no todas las personas lo sufren del mismo modo. Los niños y las personas mayores, por ejemplo, son mucho más vulnerables al estrés porque su cerebro es más sensible a las amenazas.

La Organización Mundial de la Salud predice que, en el año 2020, la depresión relacionada con el estrés crónico será la segunda causa de invalidez en el mundo. Y si ya no hay dinosaurios o mamuts que nos amenazan, ¿por qué pasa eso? Pues porque ahora los factores estresantes son relativos, como dice Lupien, lo que significa que generamos una respuesta de estrés si estamos expuestos a situaciones nuevas, impredecibles, que no controlamos, y ésas sí que abundan ahora. Lo que hay que conseguir, según esta neurocientífica, es mantener el estrés a raya, que no desaparezca del todo porque tiene una parte positiva: una vida sin nada de estrés no sería una vida feliz porque significaría que no tenemos retos que conseguir. Los expertos consideran que lo correcto es vivir con un poco de estrés, pero estrés absoluto: el que nos mueve para alcanzar un objetivo, con el nivel justo, ya que es bueno para la supervivencia, y porque además, aumenta la memoria. Lo que no es bueno y hay que saber detectar a tiempo para luchar contra él es el estrés crónico, el que se prolonga excesivamente y acaba afectando de forma negativa a la memoria y el aprendizaje.

Para ello, según Lupien, es útil saber que el estrés crónico se desarrolla en tres fases diferenciadas, fáciles de reconocer:

La primera fase es cuando el estrés empieza a cronificarse. Uno de los primeros síntomas es que la digestión cambia y nuestro estómago empieza a no funcionar de forma regular. Algo va mal.

Pero los problemas pueden seguir. Además de trastornos digestivos, el cuerpo da otras pistas que deberían ayudar a reconocer que algo va mal. En algún momento, el cerebro pedirá algo bueno. Es como si dijera: «He trabajado muchísimo estos días, necesito algo bueno». En este punto, algunos pueden beber más alcohol. Otros, fumar más. Otros, en cambio, empezar a tomar más helados..., cualquier cosa que guste se empezará a tomarla más, porque el cerebro necesita algo para calmarse. Ésta sería la segunda fase, según Lupien.

En la tercera fase, en cambio, es cuando se enferma y cuando uno se ve obligado a medicarse para tratar los efectos y secuelas de la repetida activación del sistema de respuesta al estrés. Se pueden sufrir problemas de memoria, cambios en la personalidad, con enfados repentinos, y aquí es cuando puede aparecer la sensación de estar quemado y la depresión.

Conocer en qué consiste el estrés realmente y saber detectar las distintas fases del estrés crónico es la única forma de empezar a hacerle frente con éxito.

Estadísticas para la vida real

Un hombre recién casado en Las Vegas despierta a medianoche, ve una ficha de 5 dólares en la cómoda, baja al casino y pone la ficha en el número 17 de la ruleta. Sale su número y gana 175 dólares. Pone los 175 dólares al número 17 una y otra vez hasta que consigue casi un millón de dólares. Al final decide apostar por última vez. ¡Lo pierde todo! Regresa a la habitación del hotel. «¿Cómo te ha ido?», pregunta su mujer. Y él responde: «Sólo he perdido cinco dólares».

La línea divisoria entre la psicología y las matemáticas es incierta. El cerebro tiene dos perspectivas diferentes, una de ganancias y de pérdidas, y otra de la actividad real.

Otro ejemplo de la dimensión psicológica de los números es el efecto anclaje, la tendencia que tenemos a quedarnos fijados en un número cuando nos lo enseñan. Por ejemplo, si se pregunta a la gente cuál es la población de Turquía, pero antes se le pide que diga si es mayor o menor de cinco millones, la mayoría dará cifras

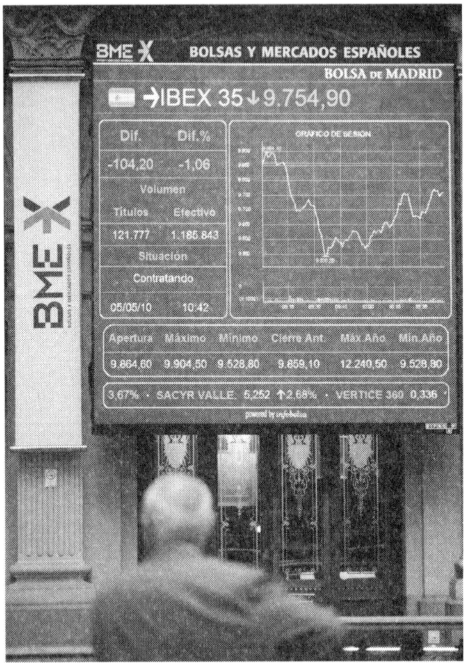

Si una persona invierte en Bolsa, hace todo lo posible para respaldar su decisión y convencerse de que ha hecho lo correcto.

que varían alrededor de los 20 millones. Si preguntamos lo mismo a otro grupo y le pedimos que diga si es mayor o menor de 240 millones de personas, la mayoría sugerirá una media próxima a 180 millones. No importa el número que se da, el cálculo que hacemos siempre será próximo a ese número inicial. Esta predisposición puede ser utilizada de forma tendenciosa o incluso engañosa para beneficio propio al presentar ciertos temas a la opinión pública. Pero, a veces, son las personas quienes se engañan a sí mismas porque no aceptan manejar ideas contradictorias de forma simultánea; les gusta creer que todo respalda su creencia concreta. Cuando se toman decisiones, se suelen abrigar dudas; pero cuando la decisión está tomada, se buscan motivos que apoyen la opción elegida y se ignoran los datos contrarios. Multitud de gente se ha arruinado en la Bolsa debido a esta desviación sesgada. Si una persona invierte en acciones, una vez que toma la decisión hace todo lo posible para respaldarla y convencerse de que es una buena inversión. Incluso se pueden obviar las señales de alerta que pueda estar lanzando la compañía en la que hemos invertido o el mercado.

Predecir el mañana

Existe la tendencia a creer que las estadísticas dan información muy poco útil para la vida real porque no se interpretan correctamente. Es mucho más probable morir de una enfermedad del corazón o de cáncer que de un ataque terrorista, pero la gente come, bebe y fuma despreocupadamente y teme ser víctima del terrorismo.

Hay muchas personas que están realmente angustiadas por el futuro. Esto se puede ver en diversos ámbitos: por ejemplo, cuando dos empresas se fusionan, muchos de sus trabajadores se preguntan qué les sucederá, qué pasará con sus trabajos, e incluso acuden a los horóscopos en busca de respuestas. Es una paradoja, porque desde la ciencia se puede predecir el crecimiento de las ciudades en el futuro, cuándo sucederá un terremoto o la volatilidad del mercado de valores, y sin embargo no podemos predecir nuestras propias vidas. Las equivocaciones pronosticando afectos son un caso emblemático. Somos incapaces de calibrar el bienestar que nos producirá una persona u objeto ansiado. Hay razones genéticas que lo explican. Sobrestimamos la alegría que nos producirá la consecución de un gran amor o la compra de un coche. También tendemos a exagerar el perjuicio que nos acarreará en el futuro una desgracia personal, por dolorosa que sea. En promedio, el proceso de adaptación a la nueva situación la hará más soportable de lo que imaginábamos en el momento de ocurrir la desgracia.

En el lugar de trabajo podemos constatar muchas ocasiones en las que el aumento de sueldo de una persona no comporta la alegría esperada si otros colegas se han beneficiado de un aumento de sueldo mayor. A la gente le importa lo que gana el vecino, no sólo uno mismo. Por ello no podemos pronosticar adecuadamente el beneficio esperado. También tendemos a elevar el dintel considerado adecuado para una vida agradable tan pronto lo hayamos conseguido. A partir de entonces ya no basta el nivel anterior; de manera que el Producto Nacional puede subir ininterrumpidamente sin que aumente nuestro nivel de bienestar. Los primates sociales somos así.

John Allen Paulos, profesor de matemáticas en la Temple University de Filadelfia, confirma que siempre es más fácil hacer predicciones sobre un grupo que sobre un individuo. Si se estudian muchos objetos o personas juntas se puede llegar a unas conclusiones generales, pero lo que interesa a la gente no es eso, sino su futuro personal concreto o el de su familia. Esto es mucho más difícil de predecir porque hay variables diferentes que pueden alterarlo todo. La estadística es una ciencia muy poco útil para la vida real. Nuestra forma de comportamiento es tan abstracta y emocional que hace que la estadística no pueda decir nada de nuestros problemas individuales.

Jóvenes y mayores ante la crisis

En la historia de la evolución resulta que la manada recurre siempre a los jóvenes para liderar el grupo en tiempos de crisis. El psicólogo social Mark Van Vugt asegura que en la época de nuestros antepasados se recurría a los líderes más jóvenes en situaciones de incertidumbre, cuando había nuevos retos que afrontar, porque las generaciones más viejas no eran capaces de enfrentarse al problema.

Como es lógico, la experiencia de los años produce en los mayores la sensación de que pueden prever los acontecimientos; saben —porque se lo muestra la repetición de eventos del pasado que han tenido tiempo de vivir— que causas parecidas acarrean consecuencias sabidas. Ahora bien, una crisis, si es una crisis de verdad, es imprevisible. Los cisnes negros desconciertan porque los cisnes son blancos.

En 1973 estalló la primera gran crisis energética. Se disparó el precio del petróleo provocando una de las mayores crisis financieras de la modernidad. El Banco de España decidió que había llegado el momento de ejercer su misión objetiva de controlar la oferta monetaria; es decir, la cantidad de dinero en circulación. Por pri-

mera vez sermoneó a los banqueros conminándolos a observar distintos coeficientes: de cada cien pesetas recibidas del público entonces deberían guardar en las arcas internas un porcentaje determinado equivalente a un coeficiente de caja o liquidez.

Se trataba de una interferencia inconcebible en el pasado. Esas medidas irritaron tanto a los banqueros de entonces —todos ellos mayores y del sexo masculino— que nos pidieron a los jóvenes recién llegados que fuéramos nosotros los que intentáramos entendernos con los directivos del Banco de España. Ocurrió así en todos los bancos, de manera que un grupo de jóvenes profesionales se encontró con la responsabilidad de modelar, con las autoridades monetarias, cómo se podría controlar la oferta monetaria sin sacar las cosas de quicio.

Es mucho más probable morir de una enfermedad del corazón o de cáncer que de un ataque terrorista, pero la gente come, bebe y fuma despreocupadamente y teme ser víctima del terrorismo.

Como es lógico, a los mayores no les gusta lidiar con centros de poder desacostumbrados. La autoridad monetaria de entonces era un nuevo centro de poder.

¿Qué otra cosa detestamos la gente entrada en años? Atravesar el río si hay corrientes. La tendencia de la gente de edad es la de quedarse quietos parados hasta que pase la crisis. En tiempos de zozobra es mejor no moverse, dice el pensamiento heredado. Éste es un código que no sirve en las crisis modernas; es un código de los muertos que sirvió tal vez en el pasado, pero no hoy día.

El que la manada deba recurrir al liderazgo de los jóvenes en tiempos de crisis, cederles los mayores la brújula y el diseño de la estrategia, no implica, necesariamente, prescindir de los activos que ésos conservan.

Veamos algunos de esos activos innegables. Experimentos neurológicos muy recientes están poniendo de manifiesto que con la edad mejora la comunicación entre los dos hemisferios cerebrales, que funcionan, prácticamente, como dos cerebros separados. Esta mejora en la transmisión de información entre los dos hemisferios significa, simplemente, que las personas mayores siguen disponiendo de mayor información y datos, aunque no les apetezca arremangarse y cruzar el río. Tienen también otras dotes que la edad no debilita, sino que refuerza. Les gusta contar historias. No les importa repetirlas. Y los niños no se cansan de escucharlas una y otra vez. Ahora bien, eso es muy importante en la vida moderna. El papel positivo de los abuelos en las sociedades que han triplicado su esperanza de vida e incorporado la mujer a los procesos de producción es patente e inestimable. Son los únicos que tienen tiempo suficiente para sugerir a los niños cómo expresarse, pensar, soñar, predecir e imaginar en unos momentos, precisamente, en los que la ciencia está descubriendo la singularidad y trascendencia de la tierna infancia para la vida de adulto.

Decisiones: ¿razón o corazón?

Ahora que sabemos por qué se tiende a elegir a los jóvenes en tiempos de incertidumbre, nos podemos fijar mejor en cómo se comporta la gente en tiempos de crisis. Cuando éstas duran más de lo normal nos permiten estudiar los mecanismos de decisión, ya que la gente no se comporta igual que en tiempos menos movidos.

Durante una crisis se tiende a decidir más con el corazón que con la razón. ¿Por qué?, se preguntarán. Por una razón muy sencilla. En tiempos de crisis se tiene la impresión de que ya no se dispone de todo el tiempo necesario para sopesar los factores a favor o en contra de una decisión. Hay que decidir deprisa, porque el vecino ya se ha declarado en quiebra; la Bolsa no cambia y cada vez está peor; todas las funciones a medio plazo —como reproducirse o pensar en la jubilación— se aparcan para después, para más tarde, cuando ya haya pasado la crisis. En esas condiciones, el corazón se convierte en el rey y señor de nuestros actos.

Cuando no hay tiempo para razonar, siempre ha funcionado mejor el corazón que la razón. Es más, la razón sólo interviene cuando hay tiempo para ponderar. Si oigo de repente el ruido extraño de un autobús que me puede atropellar porque no me he dado cuenta de que el semáforo estaba rojo, salvo mi vida saltando a la acera gracias a la amígdala —la gestora de mis intuiciones— y no a la razón.

La incertidumbre que caracteriza las épocas de crisis —nadie sabe, ni desde luego los gobiernos, cuándo empiezan o terminan— mengua los recursos propios; convence a la gente de que ha perdido parte del poder que tenía para saber lo que estaba haciendo.

La pérdida de poder del ego individual es una de las condiciones bien sabidas para generar ansiedad, y la ansiedad provoca más estrés. Y ya sabemos que el estrés adicional, el excesivo, confirma la pérdida de control del proyecto en el que se está inmerso. Las decisiones adoptadas en ese contorno serán menos atinadas.

Cosas que he desaprendido

Tarde o temprano tendremos que introducir la asignatura del desaprendizaje como disciplina escolar. Antes de que mis átomos se descohesionen —ésa es la definición que me dan mis amigos físicos cuando les pregunto qué se muere cuando uno se muere—, quiero legar a mis nietas las cosas que, a lo largo de toda una vida, he podido desaprender. Son mucho más importantes que las cosas que he aprendido.

La primera consiste en aceptar lisa y llanamente que muchas cuestiones, la gran mayoría, en realidad, no tienen respuesta todavía. No lo sabíamos al iniciarse la transición a la democracia. La tentación de buscar explicaciones sobrenaturales o violentas es muy grande cuando se carece de la humildad necesaria para ese desaprendizaje. La pandemia de la gripe, por ejemplo, es un caso muy ilustrativo: al no aceptar que no sabemos predecir el origen y desarrollo de las pandemias, se deriva en la búsqueda de todo tipo de explicaciones conspiratorias.

Otra cosa que he desaprendido, gracias a Dios, es que lo importante no es saber si hay vida después de la muerte, sino antes. *Is there a life before death?* —rezaba el grafiti pintarrajeado en el metro de Nueva York, que no he olvidado nunca. ¿Hay vida antes de la muerte?, se había preguntado alguien con buen tino al comienzo de la década de los sesenta. Ésa es la pregunta que los ciudadanos y los políticos deberían plantearse ahora, cuando la crisis sacude costumbres y hábitos arraigados.

Con Susana Martínez-Conde, directora del laboratorio de neurociencia visual que lleva su nombre en el Instituto Neurológico Barrow, en Phoenix, Arizona, también descubrí otra cosa que hay que desaprender. Me habían engañado cuando intentaban convencerme de que la soledad y el aislamiento son la situación ideal para innovar pensando. Si no hay acción, si no se produce movimiento —aunque sea minúsculo—, el cerebro se encoge, el hipocampo disminuye, el cuerpo se reduce. El número de neuronas se estanca con la falta de actividad. Cuando un cerebro se relaciona con otro, nace la inteligencia social, siendo, precisamente, las interrelaciones establecidas entre los dos cerebros el soporte que sustenta la complejidad necesaria para que se produzca la innovación. Que sin estudiar ni trabajar el universo sería más pequeño y la vida no habría aparecido. Y por eso pensé en los jóvenes *ninis* —que ni estudian ni trabajan.

Me había dicho a mí mismo: «Eduardo, no es posible que, con todo lo que nos está sugiriendo hoy la irrupción de la ciencia en la cultura popular, seas incapaz de ofrecer a los *ninis* algo que les sirva; en lugar del insulto o el desprecio. Algo tiene que haber, fundado científicamente, a lo que puedan agarrarse para mejorar o explicar su situación». Pues bien; ese algo me lo dio Susana Martínez-Conde, y me gustaría pasarlo tal cual a mis nietas y a los *ninis*. La frontera entre la ceguera y la visión cuando alguien mira un objeto estacionario la perfila el movimiento, la acción intensa de meandros oculares inconscientes, el impacto de lo que llaman microsacadas que se correlacionan con estructuras dc actividad neural. Al contrario de nosotros, los ojos de las ranas no practican las microsacadas: las ranas no perciben una mosca solitaria pegada a la pared, a menos que se mueva. Lo mismo puede ocurrirles a algunos *ninis* a fucrza dc ni moverse ni estudiar ni trabajar.

Los orígenes del desconcierto

Aunque uno no quiera dejarse llevar por la ola imperante de pesimismo, es difícil no profundizar en las causas del desamparo que envuelve hoy en día a muchas personas. Y es perfectamente posible que las causas que aducimos para explicar el origen del desconcierto no sean las verdaderas.

No se trata de que nos hayamos quedado de pronto sin dinero. Tampoco es el desdén por el impacto de la tecnología ni la vocación escasa de rentabilizar ordenadores y programas. Se dice a menudo que ni los empresarios, ni las asociaciones profesionales ni los sindicatos están a la altura de una sociedad preocupada por la innovación. Y es cierto que basta pensar en sectores concretos, como el inmobiliario o el sindical, para echar de menos impulsos centrados en la modernización del país. Pero incluso en esos sectores se han producido avances significativos y los desperfectos ocurridos tampoco están en la base de la crisis. Por último, se alude a menudo al hecho de que somos pésimos evaluadores de proyectos tanto industriales como sociales.

¿Cuáles son entonces las razones profundas de que las cosas vayan tan mal actualmente? ¿Cuáles son las causas reales y no las más comúnmente citadas? Diversos experimentos científicos han puesto de manifiesto las relaciones de causalidad, cuando no correlaciones existentes, entre dosis de esfuerzo y el éxito subsiguiente. Se ha podido comprobar incluso a nivel individual: el éxito de un deportista famoso o de un personaje famoso, un actor, un cantante o el dueño de una gran multinacional, depende, en gran parte, del esfuerzo incurrido en su propósito. Estamos moviéndonos hacia sociedades que requieren dosis mayores de innovación y esfuerzo individual de las que estábamos acostumbrados.

En segundo lugar, nos movemos por lo que los expertos llaman motivaciones extrínsecas. Si constatamos que profesiones como las ingenierías o las científicas ofrecen gran reconocimiento social y compensaciones económicas, nos entregamos a ellas. Eso es lo que hicieron Estados Unidos, primero, y Japón después. Ahora bien, cuando se alcanza lo que se pretendía, la tendencia vocacional tiende a reflejar nuevos gustos, como los idiomas o la filosofía.

Otra falacia que están poniendo de manifiesto las investigaciones más recientes es que no se trata tanto de deficiencias escolares —que las hay— como de los abismos en carencias familiares. ¿Quién puede negar esto en el caso del malestar español? Esas carencias —desestructuración familiar, desconocimiento de la gestión emocional, etc.— exacerban la contradicción entre la necesidad de personalizar la educación para mejorarla y la necesidad de abaratar los costes de las instituciones para poder gestionarlas.

Sabios modernos

¿Por qué las personas que han sufrido formulan preguntas con mayor frecuencia a los que vivimos en una nube? ¿Por qué nos piden a nosotros precisamente las recetas del bienestar?

Ha cambiado el concepto de sabiduría. Lo que ahora da cierta confianza a la gente es constatar la familiaridad con los procesos emocionales implicados en la felicidad, de muchos de los cuales puede medirse ya su intensidad. Pero no es eso lo más significativo. Antes eran sabios los que sabían mucho latín o casi todo de la supuesta vida sobrenatural. Los sabios modernos son gente implicada en el pensamiento metafórico, que aprendieron a desgranar hace apenas cuarenta mil años.

El sabio moderno está más familiarizado también con el estudio de la vida antes de la muerte —que la hay, realmente, aunque ya hemos dicho que hay mucha gente que no lo cree— que con la supuesta vida después de la muerte. Son también expertos en experimentar en detalle las tesis sugeridas porque son, en definitiva, partidarios de que la ciencia irrumpa en la cultura popular. Son los sabios de hoy en día mucho más modestos que los sabios del pasado, y en ellos la gente tiende a confiar cuando se pregunta sobre los factores personales que pueden ayudarla a sobrevivir.

La gente que vive acosada por las tribulaciones sin fin cuenta hoy con algunas señales a las que agarrarse en medio del vendaval. Ya lo he dicho muchas veces y no me voy a cansar: es imprescindible aprender a gestionar las propias emociones. Hacer lo imposible para ejercer cierto control sobre nuestras propias vidas. Ser consciente de la importancia comparativa de las relaciones personales en el entramado vital. Hace falta un determinado nivel de resistencia y perseverancia en el cumplimiento de los objetivos que uno se ha fijado. Y lo que los psicólogos califican de vocación para sumergirse en el flujo, ya sea del amor, del trabajo o del entretenimiento.

Hemos aprendido, además, que no se puede comprar el bienestar. A medida que aumenta el nivel de riqueza —y ya puede ponerse la gente como quiera—, aumenta también el desasosiego inducido por el abanico de una mayor elección, ya lo he explicado. La infelicidad no es el resultado del mercado, como se cree tan a menudo, sino de la falta de transparencia de ese mercado y la consiguiente corrupción. Que se lo pregunten, si no, a tantos defraudados y parados por culpa de especuladores que en el sector de la construcción vendieron a precios exorbitados.

Interpelaciones repetidas

Gracias a las muchas conversaciones que tengo y he tenido con personas distintas me he dado cuenta que hay tres preguntas que se repiten con mucha frecuencia, que preocupan a la gente, y por ese motivo voy a intentar ofrecer algún atisbo de respuesta.

En primer lugar, hay muchas personas que se cuestionan cómo puede lograrse el equilibrio en la Tierra cuando el número de habitantes crece sin parar y nos organizamos bajo un sistema económico que no busca el equilibrio, sino el crecimiento constante. Es paradójico que en términos de eficacia, sistemas económicos tan diferenciados como el de Estados Unidos y el de los países escandinavos hayan conseguido resultados parecidos en lo que a bienestar colectivo se refiere. Es muy probable que sobrestimemos el papel desempeñado por los sistemas políticos. Tiene mayor importancia la formación individual.

Un ejemplo: algunos autores ingleses del siglo XIX estaban convencidos de que el estiércol de caballo que inundaba las calles de Londres acabaría interrumpiendo el crecimiento económico. Ahora nos parece una preocupación absurda. Tradicionalmente hemos exagerado la huella destructiva de la civilización y subvalorado el impacto positivo de la tecnología.

El significado de equilibrio social no es difícil de imaginar, lo que resulta arduo es materializarlo; ¿cómo se puede llegar a estabilizarlo en medio de tanta desigualdad? Difícil cuestión. Desde la revolución liberal inglesa del siglo XVII sólo existen dos modelos alternativos para el desarrollo económico y social. El mundo anglosajón optó por desblindar al Estado y ponerlo en igualdad de condiciones que al ciudadano de a pie. Este modelo ha suscitado la cultura de la protección de los derechos individuales frente a las interferencias del Estado.

El resto del mundo, en cambio, ha estado más preocupado por la desigualdad social. Llevados a un extremo, ambos modelos pueden amparar abusos: en el mundo anglosajón, la defensa de las libertades individuales a ultranza ha obstaculizado, a veces, la universalización de prestaciones sociales, como ha ocurrido con la sanidad en Estados Unidos. En los países ex comunistas, sin embargo, la búsqueda a ultranza de la igualdad social desembocó en la eliminación de la cultura de los derechos individuales.

La segunda cuestión que la gente se repite a menudo es: rozando la cuarentena, ¿no es demasiado tarde para aprender a gestionar las emociones: rabia, ira, resentimientos, orgullo?... ¿Se llega a tiempo para hacerlo?

En ciencia no puede olvidarse que lo que es verdad de un promedio puede no serlo de un individuo. Factores tales como la llamada resiliencia, la experiencia individual o el grado de plasticidad cerebral pueden alterar los resultados a favor. Por otra parte, no es fácil que el cerebro de los mayores esté más abierto que el de los niños. Además, son contados los métodos de los que se dispone: focalizar la atención, trabajo en equipo cooperativo, solucionar conflictos de modo innovador y, sobre todo, gestión de las emociones básicas y universales.

La última pregunta que se hacen muchos es: ¿cuál es la predicción que los científicos hacen sobre el futuro del planeta? ¿Es tan determinante la acción del hombre como los cambios en las condiciones físicas?

No se pueden subestimar los impactos generados por el desarrollo de las leyes físicas y de la evolución. El planeta Tierra es una señora entrada en años, ya lo hemos dicho. Nada ni nadie puede impedir la aceleración de la velocidad de expansión del universo, que, muy probablemente, borrará del firmamento las estrellas que ahora lo están iluminando. Tampoco está más claro de lo que estaba antes que exista un propósito o una finalidad en la evolución. Como me dijo un científico ya desaparecido, gran amigo: «Eduardo, no es cierto que estemos caminando hacia un mundo mejor». Probablemente, para ello habrá que cambiar de mundo.

Itinerario 9

Solos ante el Estado

¿De verdad somos iguales ante la ley?

No hay bestia mayor ni más feroz que el Estado que hemos creado entre todos. Se puede uno reír tranquilamente de las multinacionales más poderosas o de países tan ufanos de sí mismos como Rusia o Estados Unidos. Son verdaderos pigmeos, comparados con el Estado que gestiona más de la mitad de todos los servicios y productos generados en nuestro recinto, además de tener los medios para vigilar y efectuar un seguimiento inmaculado de todo lo demás: suspiros, proyectos, productos y sueños.

Es aterrador constatar que la mayoría de la gente se pasa la vida intentando protegerse de amenazas que son risibles —los vecinos, el ruido, un desamor—, comparadas con el poder omnipresente del Estado.

¿Estamos dispuestos a aceptar lo innegable: que el Estado y el ciudadano no son iguales ante la ley, que lo peor que le puede ocurrir a uno es tener al Estado en contra, aunque sea por error y durante un rato? La culpa no es de un personaje atrabiliario o de un partido político anticuado. Es de todos, los de ahora y los que nos precedieron modulando un Estado blindado y mil veces privilegiado con relación al ciudadano.

Fue una idea que parecía inofensiva. Nuestros ancestros nómadas no lo necesitaban para nada. Fueron los primeros asentamientos agrícolas a los que se les ocurrió la idea de dar a un funcionario poder suficiente para guardar y multiplicar el primer excedente generado, hace unos diez mil años.

Fue justamente entonces cuando encargamos que alguien se ocupara de guardar los alimentos en la despensa de la comunidad, de la seguridad en las calles, de las basuras y de las fronteras, aquellas que, al igual que los chimpancés, dibujamos a toda prisa donde no había nada. Pues bien, para estar seguros de que no nos faltaba lo esencial fuimos creando el Ministerio de la Vivienda, para aislarnos del frío; de Defensa, para protegernos de otras tribus; de Agricultura, para que tuviéramos alimentos y los importáramos si hacía falta; de Obras Públicas, para proteger los ríos y construir carreteras en el seno de la comunidad creciente de ciudadanos; de Educación, para destilar en las mentes de los niños y de los jóvenes las doctrinas heredadas. Se hicieron ministerios de todo, hasta de Deportes.

Aquel poder incipiente de custodiar los primeros activos colectivos se fue transformando, poco a poco, en un poder avasallador. Hasta el punto de que hoy el Estado está blindado y el ciudadano está indefenso: le puede poner a uno en la cárcel antes de saber cuál es la acusación, bloquear su cuenta corriente o incautarse de un coche que considera mal aparcado.

Un poder desconsiderado

Aquel Estado tiene, hoy en día, un poder omnímodo y desconsiderado que le permite bloquear una cuenta bancaria e incluso la pensión sin encomendarse ni a Dios ni al diablo. Es el chimpancé más fuerte de la tribu y, si le apetece pegar patadas al último mono en la escala jerárquica, lo puede hacer y luego —si al pobre mono le quedan ganas para enfrentarse a tamaño enemigo— defenderse en los tribunales especiales que ha montado y financia a tal efecto mediante abogados del propio Estado. El ciudadano, claro, tiene que buscarse los suyos.

La mayor de todas las desigualdades es la desigualdad del Estado y de los ciudadanos frente a la ley común. El primer intento serio para remediar esa injusticia fue la revolución liberal del siglo XVII en Inglaterra. La primera revolución realmente social en la historia de la evolución. A partir de entonces, el Rey y los ciudadanos iban a ser iguales frente a la *common law*.

Los españoles pertenecemos a la categoría de colectivos a los que tradicional e históricamente preocupó mucho más la diferencia de clases y la injusticia social que las libertades individuales. Se perdona mal a los ricos y empresarios la ostentación y el agravio, mientras que los funcionarios públicos pueden difundir secretos, realizar escuchas, propagar infamias y otras mil maneras pergeñadas para el abuso del poder. A medida que se fue perfeccionando la gestión de proyectos individuales y empresariales en el sector privado, se descubrió que elevar los niveles de eficacia por encima de un índice ya de por sí elevado generaba costes insoportables. Si quieres que el porcentaje de avería de una aspiradora disminuya del 2 al 1 por ciento, el coste puede ser demasiado alto para que valga la pena aumentar en tan poco la calidad.

Los dispendios económicos del Estado

Este principio no ha sido aceptado todavía en el sector público, particularmente en los sistemas judiciales y fiscales, donde se continúa persiguiendo la injusticia hasta unos niveles de pretendida eficacia que provocan costes intolerables. En Hacienda, rebajar la cifra de 1 por mil a 0,75 por mil de los que evitan pagar impuestos por dar una conferencia puede suponer un coste tan elevado, que es más rentable aceptar que unos pocos no van a pagar por ese concepto. Antes de veinte años, incluso en países como el nuestro, se abordarán las reformas para disminuir tanto los atropellos de las libertades individuales por parte del Estado como los cuantiosos dispendios económicos que genera perseguir ciertos niveles de eficacia. Yo ya no estaré cuando esto ocurra y no le digan a nadie, por favor, que lo había anticipado cuando todavía estaba mal visto y casi nadie se quejaba. Como dice el psicólogo Howard Gardner, cuando una idea es fácilmente aceptada es que no es creativa; por este criterio, la mía lo es.

Lo que me parece increíble es que no se le ocurriera a nadie antes crear el Ministerio de Igualdad. Y no haberlo reclamado a cada instante desde que nos hicimos gregarios, hace diez mil años, constituye uno de esos errores evolutivos monumentales, como enamorarse durante centenares de miles de años de las caderas, en lugar de la anchura, invisible a primera vista, de la pelvis.

No se creó, desgraciadamente, un Ministerio de Igualdad para que velara por la más preciada de todas, pero se marcó un camino al que se atuvieron Gran Bretaña y, luego, Estados Unidos. Son los dos países en los que el Estado no está más blindado que el ciudadano frente a la ley. Hay quien me dice que el Ministerio de Igualdad en España solamente se ocupa de las desigualdades entre hombres y mujeres. Puede que sea así al comienzo, pero mi apuesta es que, a medida que el nuevo ministerio avance en la lucha contra el depredador machista y consiga reducir la desigualdad y el maltrato de género, se dará cuenta de que la amenaza de abuso de poder y de violencia es todavía más cruel e ilimitada cuando el delincuente tiene a su disposición todo el poder coactivo del Estado. Eliminar esta injusticia será la gran tarea de los próximos diez mil años.

Los problemas de los servicios sociales

En marzo de 2008, cuando José Luis Rodríguez Zapatero ganó las elecciones generales, me solicitaron desde distintos sectores que le sugiriese al nuevo presidente del Gobierno lo que yo haría en su lugar.

En ese momento ya dije que, si por mí fuera, desde luego, no le escribiría ninguna carta; sencillamente, porque no he creído nunca que lo que yo piense, junto con otros muchos, vaya a influir en las decisiones políticas de los próximos cuatro años.

En lugar de una carta al futuro presidente del Gobierno, sugerí, humildemente, a los demás ciudadanos que impulsásemos un movimiento de opinión centrado en tomar conciencia de algo que, por desgracia, no ha calado ni en los gobiernos ni en la opinión pública. El alargamiento de la esperanza de vida —un fenómeno sin par en cualquier otra especie a lo largo de la evolución ha desvelado un déficit colosal e insoportable en la oferta de servicios sociales, sobre todo para los mayores, que ya son la inmensa mayoría en países como España.

Por añadidura, la necesaria universalización de servicios como la educación, la seguridad ciudadana, la sanidad y el ocio ha colapsado las estructuras de la Administración del Estado, que ya tampoco es capaz de garantizarlos a los jóvenes, y en el peor de los casos, ha supuesto un descenso abrumador de la calidad y, en el mejor, de la comodidad; la atención sanitaria recibida es ahora menor de lo que era y los plazos ofertados, interminables.

¿Cuál es la solución? Reducir drásticamente el gasto sanitario aumentando de modo decisivo las inversiones en medidas preventivas. ¿Por qué no nos ocupamos de mejorar la dieta de los ciudadanos, reducir su estrés en el trabajo y cuidar de su ejercicio físico? Una pequeña inversión en cada uno de estos campos tendría un impacto gigantesco en los gastos sanitarios.

El alargamiento de la esperanza de vida ha desvelado un gran déficit de los servicios sociales.

El Estado solo no puede garantizar la oferta educativa adecuada, sobre todo con el añadido de las reformas imprescindibles de cara a los próximos años. Sobran los ejemplos de los déficits intolerables en el mantenimiento de la seguridad individual y colectiva; no sólo se han colapsado los niveles de confort, sino la calidad de la atención sanitaria, incluso en aquellas autonomías que tenían a gala servir de pauta a los demás. Sufrimos un déficit galopante de gastos de mantenimiento y no tanto de inversión. Es un déficit biológico, a raíz de la triplicación de la esperanza de vida, que afecta a todos debido a la universalización necesaria de los servicios básicos.

¿Quién controla nuestra vida?

¿Qué es lo que le importa a la inmensa mayoría? Su bienestar depende —es lo que sugieren los mejores estudios académicos— de poder ejercer un mínimo control sobre su vida y su trabajo. No el Gobierno, ya lo he dicho, sino ellos mismos.

A la mayoría le gusta saber que no todo está en manos de la maquinaria administrativa o corporativa. La última de las cajeras en un supermercado se siente mejor si los clientes le preguntan y ella puede ayudarlos a elegir el producto. Tiene entonces la sensación de que su trabajo sirve para algo y de que controla, por lo menos, una parte de todo el tinglado. Idéntica preocupación se extiende al mundo corporativo: los ejecutivos funcionan mejor como equipo si se sienten partícipes de un proyecto.

¿El estamento político y administrativo centra sus esfuerzos en alcanzar ese objetivo? ¿O más bien en todo lo contrario? Se diría que la única ocasión en que se ocupan de la mayoría es cuando pueden penalizarla controlando, cada vez más, los movimientos de una minoría hasta no dejarlos ni respirar. Limitar la circulación en determinados tramos a 80 kilómetros por hora, luego a 60 y después, justo cuando se inicia una bajada que obliga a frenar, antes de que el control de radar grabe la supuesta infracción, a 40; porque así se le ha ocurrido a un déspota disfrazado de especialista de la circulación. ¡Y después otra vez a 60!

Si se dieran las circunstancias adecuadas, la mitad de los profesionales con un puesto de trabajo serían mujeres. Hoy, que el número de diplomadas supera ya al número de diplomados. Pero aún nos encontramos muy lejos de que esto suceda. Las mujeres que han conseguido un puesto de trabajo siguen sumidas en el desamparo por culpa de un sector público que no se decide a invertir sumas ingentes en guarderías infantiles y centros pedagógicos. ¿Se centra el estamento político en ser más compasivo con la infancia y la juventud? ¿O más bien al revés? El discurso político prefiere, al contrario, fomentar el odio de clase y alimentar mediante la información manipulada el dogmatismo histórico.

Dentro de muy pocos años, las enfermedades mentales constituirán ya el primer factor de preocupación social, pero, en lugar de introducir de manera masiva puntos de apoyo psicológico abiertos al público, se prefiere ignorar la información disponible sobre las depresiones o el suicidio, que siguen siendo temas tabú para la mayoría de los afectados. Para perseguir las prácticas corruptas se prefiere teatralizar los casos de corrupción en los tribunales especiales creados al efecto, en lugar de aplicar medidas de prevención, saneamiento e informatización del sistema judicial en su conjunto. ¿Qué es más urgente? ¿Qué está pidiendo la inmensa mayoría? ¿El mantenimiento de tribunales especiales como en los tiempos de la dictadura, o la creación de centros modestos, pero especializados, en los que neurólogos, maestros y terapeutas atienden al público?

A la mayoría de la gente le importa tener la sensación de que ellos mismos controlan algo de su vida; de que pueden dejar, confiados, a sus hijos mientras las madres se incorporan al trabajo; de que se vela por disminuir los índices de violencia generalizando el aprendizaje social y emocional. Mientras que al estamento político parece importarle controlar las infracciones de una minoría, aunque sea a costa de dificultar los movimientos de la mayoría.

¿No sería más conveniente pertrechar a las generaciones futuras con las competencias necesarias para focalizar su atención, solventar conflictos, gestionar la diversidad de un mundo globalizado, sugerirles cómo afinar sus mecanismos de decisión, educar el corazón de los ciudadanos y no sólo su mente?

Funcionarios y ministros: un binomio complicado

No es lo mismo dedicarse a la biología molecular que ejercer de veterinario, de cosmólogo o de hombre del tiempo.

Los funcionarios, en cambio, tienden a olvidarse de que su preparación es más idónea para determinadas funciones que para otras. Hubo algunos que fueron excelentes ministros de Justicia, de Defensa, de Transportes y de Educación. Pero hay una especialidad —la verdad es que sólo conozco una— que debería estar vetada a los funcionarios: la economía. Forzosamente lo tienen que hacer rematadamente mal —aunque sean buenos profesionales— por las siguientes razones. La economía funciona bien o mal según la fase del ciclo económico: expansión, estancamiento y recesión. Los períodos en que se suceden estas fases varían, pero ¡haberlas, haylas! Y si no que se lo pregunten a los millones de personas que ahora se han quedado sin trabajo. La teoría y práctica de los ciclos económicos ha sido una de las cuestiones más estudiadas en economía. Y la política económica que se aplica depende de la fase del ciclo.

Casi nada depende del ministro de Economía, sobre todo desde que existe una política monetaria y un Banco Central Europeo. El problema sigue siendo el mismo que hace cien años: de pronto, el nivel de precios e ingresos de un país se dispara con relación a los demás. ¿Qué hacer en estos casos? Nivelarlos de nuevo alterando el tipo de cambio, o bien —si no puedes devaluar porque formas parte de una unión monetaria— comprimir lisa y llanamente el nivel de precios e ingresos: restricciones crediticias, fiscales y paro, hasta que el nivel de precios e ingresos de los demás se pongan a tu altura.

Los economistas llaman a eso proceso de ajuste. Los ministros de Economía no pintan nada. Hace unos años podían decidir si devaluaban o bajaban los tipos de interés. Hoy, esas cosas las deciden las uniones monetarias. Los ministros y los presidentes de Gobierno tienen que ir repitiendo a los cuatro vientos que la culpa es de los demás países y que la solución vendrá de su éxito a la hora de convencerlos para que tomen las decisiones adecuadas. ¿De qué sirve ser muy buen funcionario en un contexto tan internacionalizado?

La segunda razón por la que un buen funcionario no debiera ser ministro de Economía es que en política y en diplomacia es muy importante saber esperar su momento. Pero en la vida económica lo más importante es anticiparse a los acontecimientos. Esperar un minuto de más, puede suponerle al inversor perder todos los ahorros. Hay que haber vivido momentos como ése para ser ministro de Economía. Muchos empresarios los han experimentado. Un buen

Desde que existe el Banco Central Europeo, las funciones de los ministros de Economía han descendido drásticamente.

funcionario no sabe lo que es perder una fortuna por no actuar a tiempo. Y siempre llegan demasiado tarde porque sus activos nunca se vieron mermados por no darse cuenta a tiempo de lo que iba a ocurrir.

Por último, la política supone intuir y conocer a las personas; saber predecir su comportamiento; calibrar los resortes altruistas o, por el contrario, egoístas de la gente que nos rodea. Un buen político, como un buen funcionario, debe contar con un buen olfato para repartir a cada uno lo suyo. En economía ocurre exactamente lo contrario y por ello nunca debería nombrarse a un buen funcionario ministro de Economía. La economía supone manejar la política monetaria y para que funcione debe ser indiscriminada y automatizada. Cuando los tipos de interés suben, suben para todo el mundo. De lo contrario, alguien está haciendo trampa; la eficacia de la política monetaria depende de que ningún ministro acostumbrado a interferir interfiera.

Hace falta más ciencia en política

Los antropólogos definen lo que ellos llaman la identidad social para fomentar la lealtad hacia su propio grupo como «el sentimiento de pertenecer a un colectivo social (equipo, tribu o país) porque seduce la percepción extremadamente positiva que se tiene del grupo, por encima de la inversión previamente efectuada o de las ofertas mejores que ofrezcan otros colectivos». ¿Por qué no utilizamos más a menudo las conclusiones científicas, que son el resultado de muchos años de estudio, inteligencia y comprobaciones efectuadas?

Están obteniéndose los primeros resultados de experimentos sobre los liderazgos en la historia de la evolución. ¿Quiénes aparecieron primero, los seguidores o los líderes? ¿Han cambiado perceptiblemente las cualidades y defectos de los líderes? ¿Siempre fueron elegidos, o impuestos al margen de lo que pensaban los seguidores? ¿Cuál ha sido el peso del sexo en la condición de líder o jefe? ¿Quién manda ahora, si manda alguien?

Todo el mundo querrá conocer los primeros resultados de esta búsqueda e investigación, pero —con toda seguridad— los accionistas y dirigentes de empresas más que nadie.

El psicólogo social Mark Van Vugt dice que hay pocas dudas de que lo primero que se formó fue la manada, es decir, el grupo de seguidores. Y cuando el grupo ya estaba constituido, nuestros antecesores abordaron la ardua tarea de designar un líder o un jefe. Lo curioso es que no escogían un líder único, sino varios líderes para tareas concretas. Así, había el que dirigía la caza, el responsable de las batallas, entre otros, y sin embargo carecían de un líder global. No fue hasta que nacieron las sociedades agrícolas cuando la comunidad empezó a tener un líder global que gestionara las nuevas necesidades que nacieron de la abundancia de recursos.

Es importante constatar la trascendencia que la gente da a lo que podríamos llamar su conciencia social; es decir, la idea de pertenencia a un grupo, colectivo, manada, nación o país, ese colectivo social del que ya he hablado.

La importancia del grupo

A los científicos —muy al contrario de los literatos— no les ha importado tanto la conciencia social como la individual. Varios premios Nobel siguen en ello. Ahora se dan cuenta, sin embargo, de las tremendas implicaciones de que un individuo decida pertenecer a un grupo. Lo importante es que el individuo en cuestión perciba que se encuentra a gusto en el colectivo elegido. Ahora bien, a lo largo de la evolución, este sentimiento puede cambiar, y cambia. Aviso para navegantes.

Está claro que hace dos millones de años los jefes eran elegidos por sus seguidores, porque se suponía que de algunas cosas sabían mucho más que otros. Se era elegido para gestionar una cosa en particular. Hace unos doce mil años esta situación cambió radicalmente con la consolidación de las sociedades agrarias. La generación de un excedente económico indujo la imposición de un jefe, no tanto porque sabía cómo administrar un excedente, sino cómo fabricarlo. Los ricos crearon la nobleza y la realeza y de ahí salían los jefes, que mandaban sensible o despóticamente, según su entender. Esa situación duró hasta hace menos de cuatrocientos años, con la llegada del pensamiento científico por oposición al dogmático o revelado. Desde entonces se ha iniciado una vuelta paulatina a los cánones de antaño, en el sentido de que se busca a quien más sabe de una cosa y los seguidores vuelven a elegirlo.

Aunque no siempre es así. Muy a menudo sigue mandando gente que sabe mucho menos que sus seguidores y que no han sido elegidos. Ahora bien, se está comprobando que cuando alguien manda sin el consentimiento de una buena parte de sus seguidores, las cosas no funcionan.

¿Y qué pasa con el género? Los experimentos efectuados indican que se prefiere a los hombres cuando se trata de gestionar intereses entre colectivos distintos, como puede ser la guerra, el te-

Algunos estudios indican que se prefiere a los varones para liderar los conflictos de intereses entre colectivos, como puede ser una guerra.

rritorio o si hay un conflicto entre organizaciones o entre grupos. Esto entronca con la idea ancestral del guerrero, que probablemente en el pasado era el líder más eficaz para este tipo de situaciones. Por eso es muy difícil que las mujeres accedan a cargos de responsabilidad en estos ámbitos, sobre todo si tienen que ser elegidas para ello. Se las prefiere a ellas, en cambio, cuando se trata de negociaciones en el seno de los grupos: reparto de tareas o gestión de subgrupos. Ellas se encuentran evolutivamente mejor preparadas para resolver conflictos personales dentro de la familia, el trabajo, la comunidad o el país.

En cambio, cuando todo va bien, se confía más en los adultos maduros. Lo curioso es que en uno y otro caso las equivocaciones son raras. En casi un 80 por ciento la gente atina a la hora de fiarse de alguien. No se equivoca, y por ello reacciona con mucha virulencia cuando sí ocurre.

La cohesión nacional

La importancia que los antropólogos dan a la identidad social también es interesante para iniciar la reflexión; en este caso, sobre la cohesión nacional cuestionada por los sentimientos autonómicos.

Ni el Gobierno ni la oposición parecen tener razón cuando amenazan con que la solución dependerá de la que dicte el Estado central si no se consigue el acuerdo. Lo que han demostrado los diversos estudios efectuados es que el colectivo corre el riesgo de desmembrarse si no hay suficientes ciudadanos que estén más felices con la percepción extremadamente positiva que tienen del país al que pertenecen que calculando la inversión ya realizada o dejándose tentar por mejores condiciones ofrecidas por otros países.

¿Qué es lo que está demostrando la ciencia, que tomándolo como punto de partida ayudaría a reflexionar sobre un tema como la naturaleza del Estado en un sistema de cesión de atribuciones a los gobiernos autonómicos? ¿Qué es lo que está sugiriendo la ciencia, a la que no hace caso ni el ministro de Economía ni el líder de la oposición? Está diciendo, ni más ni menos, que el desarrollo autonómico dentro del Estado tiene futuro en tanto en cuanto haya más ciudadanos que se sienten extremadamente satisfechos con la percepción que tienen de su país que los preocupados por las inversiones consumidas o las ofertas de países competidores.

¿Quiere decir eso que no importan los niveles de las contribuciones netas efectuadas por una comunidad autónoma ni las llamadas balanzas fiscales o el número de obstáculos en el camino de la consecución de la independencia? Claro que importan —al contrario de lo que han sugerido muchos en el curso del actual debate—. En realidad, son las únicas cosas que importan si se permite generar una situación en la que la percepción extremadamente positiva de su propio país corresponde sólo a una minoría. Lo que nos está diciendo el análisis científico no es quién tiene razón o está equivocado: el Gobierno, la oposición o los nacionalistas. Lo que nos está diciendo es que deben ser más los que creen que la percepción que tienen de su país es fabulosa que quienes sólo piensan en las balanzas fiscales o en el atractivo alternativo de la independencia. Sin esa mayoría, sólo hay desconcierto, ruptura y alienación.

Otra enseñanza de la ciencia es constatar que la vida es el resultado de un equilibrio entre los impactos oxidantes y agresores, por una parte, y la capacidad regeneradora de las células, por otra. Cuando ganan los primeros, sucede la muerte. Si los que sólo piensan en sus inversiones o en irse con la música a otra parte son más que los cautivados por la percepción extremadamente positiva de su país, se desmiembran los Estados digan lo que digan sus representantes.

El equilibrio social —tanto o más que el equilibrio de la vida— es el resultado de disminuir los factores negativos y de aumentar los positivos. No basta con protegerse de los oxidantes que corroen; hace falta aumentar la capacidad regeneradora de las células y crear entornos que la permitan e ilusionen.

Salud y pobreza

Cuesta creerlo, pero tras muchos años de investigación se ha llegado a la conclusión de que los funcionarios situados en lo más bajo del escalafón tienen cuatro veces más riesgo de muerte que los funcionarios en la cumbre de la jerarquía. El epidemiólogo Michael Marmot es quien ha descubierto esta relación entre la salud y la escala social con sus investigaciones sobre cómo el estatus afecta directamente a nuestro bienestar y a nuestra expectativa de vida.

Dos mitos se vienen abajo. Primero: no es cierto que la pobreza sea una cuestión, únicamente, de muy ricos y muy pobres. Se trata de un problema que afecta a todos. Segundo: es falso que los de arriba estén tan estresados que no puedan con su alma y que los de abajo, en cambio, tengan menos estrés porque pueden evitar ciertas responsabilidades.

Ser pobre, sentirse pobre y que te hagan sentir pobre es una sensación estresante muy mala para la salud. Marmot ha estudiado varios casos y en todas partes ha observado el mismo fenómeno: la salud se deteriora a medida que descendemos en la jerarquía social.

Hace un tiempo analizó la mortalidad de bebés y niños en los países pobres y vio que las familias más pobres presentan un índice superior de mortalidad infantil, las familias algo menos pobres tienen una tasa ligeramente inferior y así sucesivamente hasta llegar a los más pudientes de la escalera social.

Las múltiples consecuencias de la falta de dinero

La pobreza, pues, es algo mucho más complejo que la simple falta de dinero. La pobreza es el estado psicológico de la impotencia. ¿Cómo es posible que la pobreza traspase la piel?

Vida social y salud individual son dos esferas que considerábamos independientes. La ciencia, no obstante, afirma de manera cada vez más rotunda que ambas están íntimamente relacionadas. El lugar que ocupamos en nuestro entorno social o jerárquico es el mejor pronóstico de nuestra salud, junto con la dieta, el ejercicio o los genes. Marmot destaca que son los factores sociales los que determinan una buena o mala salud. Y, en este sentido, ha recabado pruebas de que hay dos procesos fundamentales en juego. El primero es algo que ya hemos visto y analizado: cuánto control ejerce la gente sobre su vida. Es decir, si pueden vivir el tipo de vida que consideran adecuado o si controlan su propia vida. El segundo son las oportunidades de plena participación social. Y con esto se refiere a formar parte de la sociedad, pero también a recibir la respuesta positiva, la estima, la autoestima que comporta formar parte de la sociedad y que probablemente los funcionarios que se encuentran en el escalafón más bajo de la Administración no tienen.

El primer científico en poner esto de manifiesto fue el neurólogo de la universidad de Stanford, Robert Sapolsky, tras investigar durante veinte años el comportamiento de los babuinos salvajes en el Parque Nacional de Serengueti, en Tanzania. La salud sigue un gradiente social. Es el síndrome del estatus, que encontramos allí donde existan jerarquías: en la estructura social de los babuinos y en la estructura burocrática de los funcionarios de cualquier país. La clave siempre está en la interacción entre genes y entorno. Los *kung* del desierto del Kalahari, por ejemplo, viven en un ambiente que favorece una sociedad igualitaria: cazar una jirafa no es cosa fácil si se pretende hacerlo solo, y más vale compartirla cuando no tenemos cómo evitar que se pudra su carne. Sin embargo, en las zonas donde se practica la agricultura las sociedades se vuelven más desiguales. La acumulación de los excedentes en manos de unos pocos provoca la emergencia de una jerarquía más clara.

Sentir la desigualdad

¿Por qué razón el estar en lo alto o en lo bajo de la jerarquía repercute en nuestra salud? Lo he apuntado anteriormente: la respuesta está en el cerebro. La experiencia de desigualdad y desamparo tiene profundas implicaciones en nuestra salud, que se prolongan durante varias generaciones. El nuevo rico sigue teniendo más enfermedades que el rico de toda la vida. La falta de control individual y de autonomía característica de los puestos inferiores de la jerarquía donde se multiplican los supervisores; la falta de previsibilidad; la falta de válvulas de escape para la frustración; la falta de apoyo social. Todo esto es realmente clave para entender qué es lo que hace que una persona pobre se sienta pobre, y que los demás la hagan sentirse pobre.

Marmot explica que gran parte de esta integración en la sociedad consiste en poder conseguir lo que las costumbres de una sociedad específica dictan que es razonable tener. Se trata de algo sobre lo que ya escribió Adam Smith, el padre de la economía moderna, en el siglo XVIII: la importancia de ocupar un lugar en la sociedad sin vergüenza. Eso se traduce en cosas que uno puede considerar una estupidez, como que nuestros hijos no pueden ocupar su lugar en la sociedad porque no tienen un par de zapatillas nuevas o los tejanos adecuados; o si nuestro vecino siente que no puede ocupar su lugar en la sociedad sin el automóvil adecuado. Para ellos estas cosas pueden ser fundamentales y no tenerlas les produce un estrés que desgasta la salud. Nuestro cuerpo no está diseñado para vivir en un estado de estrés permanente, real o imaginado, y las consecuencias afectan a nuestra salud.

Quienes buscan soluciones a las desigualdades debieran tomar en cuenta estos datos reveladores de la importancia de los esquemas de organización social y del trabajo.

Los políticos deberían analizar mucho más cómo funciona nuestra sociedad, nuestro lugar en ella, si de verdad quieren ocuparse de la salud pública e incluso de la felicidad individual. Marmot propone utilizar el estado de salud de una sociedad para medir cómo funciona esa sociedad. Por ejemplo, si nos fijamos en Estados Unidos vemos que algo falla: el colectivo afroamericano está especialmente desfavorecido. Vemos que el país presenta enormes desigualdades de salud y eso lo hace quedarse atrás. Las últimas estadísticas demuestran que Estados Unidos ocupa la vigésimo séptima posición en lo que concierne a la esperanza de vida, pese a ser el país más rico en paridades del poder adquisitivo. Con este ejemplo vemos cómo la desigualdad perjudica la salud.

Una vez más, la ciencia tiene mucho que enseñarnos de cosas que nos afectan a todos. A veces pienso que es cierto que, en estos momentos, sólo la ciencia es noticia, y todo el resto es chismorreo.

Las raíces de la crisis y alguna solución

Solos ante el Estado, y solos ante la crisis mundial desatada en 2008. Algunas personas, en España y en Europa, han achacado la crisis económica a la convulsión financiera exterior. Se le dijo a la gente que fue la crisis bancaria norteamericana la que provocó la crisis europea.

No opina igual mi amigo Robert Mundell, economista de la Universidad de Columbia y premio Nobel en 1999. Según él, no fue la crisis bancaria norteamericana la que provocó la crisis europea. Por el contrario, Mundell afirma que «los problemas de Europa se veían venir en los ochenta y noventa cuando se entendió que la proporción entre la deuda pública y el PIB no podía superar el 60 por ciento, por eso pusieron el límite del 60 por ciento sobre la deuda pública». El problema fue que en los diez años siguientes aumentó hasta un 75 por ciento, de modo que se produjo un período de laxitud fiscal.

Según este economista, «el hecho de que las instituciones americanas pudieran estar en peligro, así como el que los bancos tuvieran graves problemas puso de manifiesto la rapidez con la que la deuda puede provocar una crisis».

Una de las cosas que pueden pasar —y han pasado en esta crisis— es que la deuda privada excesiva puede acabar convirtiéndose en deuda pública si el banco central o el gobierno tiene que rescatar el sector privado. Mundell sabe que los bancos, cuyo tamaño no les permite quebrar, pueden convertirse rápidamente en deuda pública, como ocurrió en Estados Unidos. «En Europa —dice este experto— existe el riesgo de que suceda lo mismo, de que el Banco Central Europeo tenga que rescatar algunos instrumentos, países o bancos en peligro, y esto podría llevar a una política monetaria más relajada, más sencilla, que depreciaría el euro.»

La situación es complicada y las posibles soluciones no son fáciles de divisar, pero desde hace unos tres años se oye decir que Europa necesita una gran reforma de su mercado laboral, que debe ser más libre, como en Estados Unidos o el Reino Unido. Mundell ha defendido este cambio drástico por el lado de la oferta en Europa. Según dice, la revolución en la oferta que tuvo lugar con la presidencia de Reagan, en los ochenta, consistió en una reducción fiscal para que el gasto del Gobierno tuviera un techo, y así se desregularon muchas cosas, incluido el mercado laboral. Para él éste fue un factor crucial en ese gran período comprendido entre 1982 y 2008, en el que la economía norteamericana y la economía mundial se encontraban en una situación fabulosa. Una idea que según él se podría empezar a copiar desde Europa.

Itinerario 10

Fórmulas para ser más felices en un mundo mejor

¿Qué hace falta para ser feliz?

Hasta hace muy poco tiempo, la ciencia no disponía de los medios técnicos para medir los procesos emocionales, por eso heredamos un pensamiento en el que al análisis científico le faltaba el de nuestras propias emociones. Gracias a los análisis por resonancia magnética y otras técnicas de neuroimagen, la ciencia puede medir hoy los procesos emocionales. Gracias a ello sabemos que las emociones son universales, aunque su expresión social puede ser distinta en función de la cultura.

Esa gran revolución tecnológica que nos ha permitido medir las emociones humanas nos da claves básicas para saber por qué somos como somos. Neurólogos y psicólogos, como Antonio Damasio en California o Daniel Gilbert en Harvard, de los que ya he hablado, están investigando de lleno la psicología humana. Es increíble pensar que hace muy pocos años no sabíamos lo que pasaba por dentro cuando una persona estaba enamorada o sufría un desamor.

¿Cómo es posible que algún loco, en Estados Unidos, intuyera y tuviera la fuerza suficiente para que figurara en la Constitución americana el derecho del ciudadano a buscar la felicidad y, sin embargo, nadie hubiera escrito un libro intentando explicar cuáles son las dimensiones de esta felicidad? ¿Habían leído en alguna parte que cuando uno tiene la sensación de que no controla nada en su vida es imposible que sea feliz? A lo mejor lo sintieron, pero no lo leyeron, porque nadie lo había escrito. Nadie había indagado ni reflexionado sobre un hecho tan sencillo como el de que hace falta tener la sensación de que controlas algo en tu vida para ser feliz. Si no, no puedes ser feliz.

Y eso que ya se había experimentado en los años treinta, con las famosas cinco ratitas, un experimento que no me gusta contar porque entristece mucho a la gente, y con razón. Unos científicos pusieron cada una de las cinco ratitas en un cubículo distinto. Les pasaban una descarga eléctrica feroz de manera aleatoria e injustificada: no sabían cuándo ni el motivo, sin más. Una de las ratitas —y era la única diferencia entre las cinco— tenía una palanquita que, si sabía utilizarla bien, podía interrumpir la descarga eléctrica no sólo para ella, sino para las cinco. Bueno, pues en dos semanas, las otras cuatro murieron víctimas de la desesperación al ver que no podían hacer nada contra esa descarga injustificada desde cualquier punto de vista. Y, en cambio, la ratita que tenía la palanca, aquella que tenía la sensación de que controlaba algo de su vida, vivió dos semanas más. Ya hemos visto la importancia del control en nuestras vidas para ser más felices. Pues de todo eso no sabíamos nada.

Ahora sabemos otras cosas, igualmente importantes, que ignorábamos. Que cuentan más las relaciones de pareja que el dinero, siempre que se supera el nivel mínimo de subsistencia. Sabemos también que la felicidad está en el camino hacia el objetivo que se supone nos hará felices. ¿Cómo pudimos vivir sin saber nada de todo esto que nos importaba tanto?

Platón, Buda y los científicos

Años atrás daba una charla de cinco minutos en la radio una vez por semana. En una ocasión llegaba de un viaje a Estados Unidos con el tiempo justo para soltar mi discurso a los oyentes del mediodía. «Lee este texto de Platón e improvisas el comentario», me sugirió el director de entonces. No he olvidado nunca el texto y se lo recomiendo a mis lectores. Platón comentaba que estaba dispuesto a ayudar a sus amigos «conocedores de mi interés por la cosa pública», decía él, a cambiar de régimen. Lo hizo un par de veces hasta que, desengañado por los resultados de las reformas alentadas por sus amigos, decidió renunciar en el futuro a impulsar cualquier tipo de cambio «hasta que los filósofos fueran políticos o, cosa mucho más improbable, que los políticos fueran filósofos».

Después de leer la carta de Platón, escrita unos cuatrocientos años antes de Cristo, y de mi pausa calculada aunque, obviamente, demasiado larga, iba a soltar mi pequeño comentario al texto cuando el jefe del cubículo desde el que emitíamos dio por terminada la comunicación. No me dio tiempo de aclarar que aquello no era de Punset, sino de Platón, siglos atrás. Las misivas que siguieron a mi lectura estaban llenas de frases del tipo: «No se preocupe, Punset, las cosas cambiarán». O: «Siento lo que está ocurriendo, pero en algún momento del futuro sucederá algo nuevo». Pero lo más sorprendente no era eso, sino que su número se multiplicó por diez sin que nadie notara que ¡aquello no lo decía yo, sino Platón, hace más de dos mil cuatrocientos años!

Algo muy parecido me ha ocurrido leyendo un texto de Buda en mi ordenador sobre la felicidad y la infelicidad. Un poquito antes de Platón, Buda estaba diciendo algo muy similar a lo que mis amigos científicos de las universidades de Harvard, Columbia y Stanford están descubriendo ahora, gracias a experimentos complejos y resonancias magnéticas alambicadas. ¿Qué decía Buda, quinientos años antes de Cristo, sobre la felicidad? Pues que se podía salir de la infelicidad renunciando a muchos deseos de orden sexual y de otro tipo.

¿Y qué dicen ahora los científicos? Pues que es preciso rediseñar una nueva tabla de compromisos: no se puede, cuando se tiene una vivienda, pretender una segunda; enseñar idiomas a los hijos y, por lo tanto, enviarlos a estudiar al extranjero; enrolarlos en la escuela más cara y famosa; tener varios, demasiado seguidos; compaginar la carrera con un segundo trabajo. O para ser más precisos, los expertos están sugiriendo que en la tabla de compromisos se puede incluir cualquiera de estos objetivos, pero difícilmente todos a la vez.

¿Qué otras pautas sugería Buda para ser feliz? La noble verdad del camino que lleva al cese del sufrimiento —para utilizar sus palabras— incluía «el recto esfuerzo». Los mejores psicólogos, entre ellos Mihaly Csikszentmihalyi, que en la actualidad enseña en California, hablan de «sumergirse en el flujo». Es preciso no sólo esforzarse mucho en algo, sino dejarse embriagar por ello, ya sea un gran amor, un deporte, una profesión o trabajar las tardes de los domingos. Todo menos pasarlos, aburrido, viendo la televisión.

A veces nos cuesta comprender por qué una persona dedica toda una vida a mirar por el microscopio y estudiar las células, o por qué a otro le entusiasma salir a correr cada día un poquito más rápido. Se puede pensar que es una tontería, pero los que lo hacen saben que les gusta, que controlan sus vidas y que obtienen beneficios de aquello que hacen y en lo que invierten. Esto les hace de lo más felices. Esta capacidad de concentrar la energía psíquica y la atención en planes y objetivos de nuestra elección, es el estado de flujo, según Csikszentmihalyi y hace que la persona sienta que vale la pena realizarlos porque se ha decidido este tipo de vida, y se disfruta cada momento.

Tener amigos es bueno para la salud

«La magnitud del impacto sobre la salud de una buena red de apoyos familiares y de amigos es similar a la que se obtiene dejando de fumar», comentan los científicos que han investigado sobre este tema en las universidades de Utah y Carolina del Norte, Estados

Unidos. La gente empieza a impresionarse por las pruebas repetidas de que la soledad es fuente de angustias y desvaríos, mientras que la relación de un cerebro con otro resulta esencial para sobrevivir.

Sabemos que hay un instinto emocional, que compartimos con otros animales, que es el instinto de grupo y nos da una idea de la importancia que tiene el sentimiento de pertenecer a un colectivo. El prestigioso primatólogo Frans de Waal cree que este instinto natural tiene relación con la sincronía: los peces nadan juntos, los pájaros vuelan juntos, muchos animales se mueven juntos o, en el caso de que andemos al lado de una persona, acabamos adoptando el mismo ritmo.

En lenguaje llano, lo que están sugiriendo ése y otros estudios similares, iniciados hace veinte años, es la importancia de lo que los científicos Salovey y John Mayer llamaron inteligencia emocional. Veinte años después, descubrimos que las personas con relaciones sociales prolijas —un estado inaccesible sin un cierto grado de inteligencia emocional— tienen un 50 por ciento más de posibilidades de sobrevivir que los ajenos al torbellino social.

«Los médicos, profesionales sanitarios y educadores tienen en cuenta factores de riesgo como el tabaquismo, la dieta o el ejercicio. Los datos que presentamos aportan razones de peso para añadir las relaciones sociales a esa lista», anotan los científicos citados. Caminamos hacia una situación en la que la rutina de las revisiones médicas sanitarias comportará también medir el grado de bienestar social. ¿Y eso cómo se come?, se preguntarán mis lectores. ¿Cómo lo podemos medir con la misma facilidad que el tabaquismo, la buena dieta o el ejercicio físico o cognitivo?

Con un pequeño esfuerzo colectivo. Las relaciones sociales se modulan con multitud de prácticas, unas conocidas, como las de vecindad o laborales, pero totalmente ignoradas las otras; es aquí donde entran en juego las emociones básicas y universales fruto de nuestra biología y psicología. Ya sabemos que, siendo importante el conocimiento de la inteligencia emocional de cada individuo, lo es sobremanera la inteligencia social: es decir, los comportamientos surgidos a raíz de la comunicación recíproca entre distintos cerebros.

Gracias a las investigaciones de los autores citados, además de la implementación de proyectos específicos de gestión emocional y social como el de la Universidad Camilo José Cela de Madrid, o los de Rafael Bisquerra, de la Universidad de Barcelona, o Richard Davidson, de la de Wisconsin, Estados Unidos, contamos hoy con un modelo susceptible de explicar nuestro comportamiento social y emocional.

Disponemos hoy, con una idea más que perfilada, de las habilidades que componen estas competencias emocionales y que deberemos aprender a transmitir a las nuevas generaciones por el tamiz de la enseñanza infantil, primaria, secundaria, corporativa y de la tercera edad. Para que no les sirva de excusa a los rectores sociales, se las voy a enumerar, dejando para los próximos veinte años el detalle de sus contenidos: aprender a focalizar la atención en las emociones propias; apreciar la interacción entre emoción, comportamiento y procesos cognitivos; infundir autoestima, resiliencia y curiosidad; trabajar en equipo de modo cooperativo y no competitivo, lo que supone aprender a escuchar y comunicar y saber solucionar conflictos ejerciendo un liderazgo emocional. El aprendizaje de estas nuevas competencias es la clave para que los jóvenes encuentren trabajo en lugar de sumirse en el paro.

¿El deporte mejora el ánimo y la memoria?

Los griegos y romanos habían intuido mucho antes que nosotros que la mente sana es el resultado de un cuerpo sano, pero no habían podido demostrarlo. Hoy, afortunadamente, contamos con numerosas pruebas experimentales que nos han convencido de que el cuidado de la salud física produce una mejor salud mental. Estamos descubriendo que los ejercicios físicos y el cuidado de la dieta —los soportes básicos de la salud física— tienen una repercusión en la salud mental y beneficios para la memoria, el ánimo y la capacidad cognitiva. Lo que están sugiriendo las pruebas efectuadas en distintos laboratorios es que la memoria y la capacidad cognitiva mejoran con los soportes de la salud física. Lo que todavía no sabemos es qué tipo de deporte es el más adecuado para mejorar el ánimo, la memoria o el grado de entendimiento. Tampoco estamos seguros de cuánto tiempo se debe dedicar a estos cuidados. Con toda probabilidad es mejor pasarse que quedarse corto.

¿Cómo funciona este mecanismo extraordinario? Fernando Gómez-Pinilla, investigador en la Universidad de California-Los Ángeles (UCLA), explica que el ejercicio físico envía, a través de la corriente sanguínea, productos químicos como la proteína IGF1 al cerebro. La proteína en cuestión se convierte allí en una especie de gendarme que empieza a dictar instrucciones para que el organismo aumente la producción de FNDC (factores neurotróficos derivados del cerebro), que alimenta los procesos responsables de un pensamiento más sofisticado al fomentar la creación de nuevas conexiones entre neuronas. Se ha comprobado en ratones e intuimos que ocurre algo parecido en los humanos.

Desde entonces he aconsejado a mis nietas que no me mencionen si están deprimidas sin saber primero lo que les pasa con la proteína IGF1 y el FNDC, porque su problema puede ser de muy fácil solución. Ahora ya sabemos que, si bloqueamos el crecimiento del FNDC, interrumpimos el aprendizaje y perjudicamos la memoria.

Lo más asombroso de este nuevo escenario es constatar el impacto positivo de la salud física, o más bien de la cimentación de los pilares sobre los que se asienta la salud física, en enfermedades como el Alzheimer, la dislexia o la depresión. En los roedores se ha visto que a partir de un momento dado su cerebro empieza a acumular una proteína llamada beta-amiloide. En las personas aquejadas de Alzheimer, esta proteína aflora formando espesas placas, que son la señal inconfundible de la enfermedad.

Gómez-Pinilla me hizo reflexionar en que hace miles de años y no tantos —basta que nos remontemos solamente cincuenta atrás— no disponíamos de todos los transportes que tenemos hoy día. Entonces el ejercicio era parte importante de nuestra vida. El cerebro que tenemos se formó a través del ejercicio, porque es parte de nuestra existencia, nuestros genes están ansiosos de hacer ejercicio, es algo natural.

Somos conscientes ahora de la correlación existente entre el ejercicio físico y las correspondientes ventajas neuroprotectoras, aunque no sabemos todavía el mecanismo exacto para poder inhibir los efectos traumáticos o activar los curativos. A esto unimos el impacto del cuidado de la dieta —la necesidad imperiosa de ácidos grasos del tipo omega 3 para el buen funcionamiento cerebral—. Es cierto que después de varios esfuerzos mucha gente se ha convencido de que los ejercicios físicos y el cuidado de la

El cuidado de nuestra salud física provoca una mejora de la salud mental.

dieta eran trascendentales para preservar su salud física. ¿Nos costará otro tanto convencerlos ahora de que está en juego también su salud mental?

Pistas para alcanzar el éxito

En la historia de la evolución, las personas que tuvieron éxito pudieron elegir pareja en mayor medida que los demás, sus hijos vivían más tiempo y sus genes acababan siendo mayoritarios en la reserva genética. Y, sin embargo, son muchos los que no tienen éxito. ¿Por qué?

La ciencia está corroborando algunas de las convicciones heredadas en este campo y desmintiendo otras. La primera pista para tener éxito es quererlo. Fijarse objetivos es imprescindible, pero hay personas que tienen expectativas desmesuradas; al no alcanzarlas, generan ansiedad y miedo. Otras se ponen objetivos por debajo de sus posibilidades, sin alcanzar los niveles de creatividad necesarios para el éxito. ¿A qué grupo pertenezco yo? La respuesta a esta pregunta constituye la primera clave para el éxito.

Distinguir entre la concepción geológica y divisionaria del tiempo es la segunda pista. Los paleontólogos y geólogos están familiarizados con lo que ellos llaman el *deep time*. La unidad de tiempo viene dada por millones de años, mientras que en el mundo moderno la pauta viene dada por cuartos de hora. Los primeros tienden a no tener prisa. ¿Cómo salir corriendo después de acariciar un *trilobites* de hace cuatrocientos millones de años? Las prisas son malas compañeras del éxito, no tanto porque no dan tiempo para pensar, sino, simplemente, porque estresan.

La tercera pista consiste en compartir ideas. En lugar de predicar todo el rato para que lo entiendan a uno, es fundamental intuir lo que piensan los demás, aunque pertenezcan a universos distintos o separados. «Los que más me han enseñado son los que no sabían nada de mi especialidad», me dijo en una ocasión el premio Nobel octogenario Sydney Brenner. En términos más pretenciosos, la comunidad científica llama a esta apertura a compartir las ideas de los demás multidisciplinariedad.

Convertir el gusto o la vocación por algo en enamoramiento es la cuarta clave. Es difícil convencer de algo de lo que no se está enamorado. Las cualidades innatas sólo se desarrollan cuando a uno le gusta lo que está haciendo. Los diseñadores de productos saben que la gente tiene que enamorarse de su diseño y si el perfil no suscita amor, no se vende. Los directivos de los departamentos de recursos humanos saben que un equipo sólo funciona cuando está enamorado del proyecto en el que está embarcado.

Persistir en el empeño, he ahí otra pista con la que la gente se enreda a veces. En un momento dado, se puede pecar por exceso; seguir insistiendo en el proyecto de uno, cuando no se dan todavía las condiciones necesarias —ni se darán en mucho tiempo— conduce al fracaso. Pero lo normal es pecar por defecto. Sobre todo las ideas brillantes requieren tiempo para tener éxito. Muy a menudo, nos estamos refiriendo a sugerencias que suponen un cambio mental en los demás, y los cambios mentales son de una lentitud exasperante.

La sexta pista para el éxito consiste en probar y hacer cosas nuevas. Construir entornos insospechados en los que asentar emociones nuevas, explorar temas y personas distintas del pan nuestro de cada día, investigar simultáneamente en disciplinas diferentes. En definitiva, estar abierto al conocimiento de las demás cosas y personas. No intentar saber cada vez más de menos —como decía Marx de los monetaristas— «hasta que lo saben todo de nada».

La última pista para tener éxito no es realmente una pista. Se le suele dar, sin embargo, una gran importancia en todas las culturas. Me refiero a la suerte y requiere una explicación un poco más larga. Referida al tiempo, sí puede considerarse la suerte como un factor de éxito. Puede que no haya llegado el momento para que cristalice la demanda de una idea o un producto. Mala suerte, porque nadie sabe realmente anticipar lo inesperado. Otra cosa distinta es llegar a la meta después del tiempo fijado. Aquí no se trata de mala suerte, sino de estar distraído o de no haberse preparado.

Suerte y promedios

La mayoría de las leyes físicas y evolutivas se refiere a promedios: el comportamiento de los átomos, la duración del amor o el impacto en la vida adulta de un drama en la infancia más temprana. Lo que es verdad de un promedio puede no serlo de un individuo. Lo que es verdad de una clase —decía Marx refiriéndose a la burguesía— puede no serlo de una persona determinada que pertenece a esa clase. Cuando decimos de alguien que ha tenido buena o mala suerte, nos estamos refiriendo a casos contados o excepcionales de personas que no se comportan como lo hace el promedio, la inmensa mayoría. De ahí que no tengan vigencia científica los consejos para tener suerte y, por tanto, que difícilmente pueda considerarse a ésta como una pauta para tener éxito. Tanto más cuanto que la mayoría de los acontecimientos susceptibles de considerarse una suerte o una desgracia no son tal cosa, sino el resultado de procesos inconscientes que escapan a nuestra atención.

La mayoría de las veces hay que buscar la causa de lo que llamamos tener suerte en la salud, en nuestra dieta, en los hábitos y en el ejercicio físico. Cuando decimos que se ha tenido suerte en el amor hay que buscar las raíces en el amor maternal, en la inversión parental y en la sexualidad. Cuando hablamos de suerte en el trabajo sería necesario ver la preparación previa de esa persona, la concentración de esfuerzos en desarrollar sus cualidades innatas o las reacciones que tiene al estrés.

Cuando un proceso está programado —la embriogénesis, por ejemplo—, no es una cuestión de suerte que unas células se dirijan al espacio reservado a las futuras neuronas y otras, a lo que será el futuro sistema motor del recién nacido. Está genéticamente programado así. No tiene que ver con la suerte.

La vida no es una serie de acontecimientos azarosos que ocurren de forma intempestiva, sino más bien un proceso continuado, que puede interrumpirse por causas exteriores que poco tienen que ver con la supuesta buena o mala suerte de una persona en particular. Una extinción masiva, como las ocurridas a lo largo de la la historia de la evolución, puede interrumpir el proceso de vida de un nido de trilobites, aunque tuvieran la suerte de haber nacido perfectos. Parecería que la mayoría de las veces nos referimos a la suerte cuando no sabemos o no queremos indagar por qué ha ocurrido lo que ha ocurrido.

Más ciencia, menos dogmas

A menudo me pregunto si vivimos en una sociedad basada en el conocimiento, como frecuentemente se dice, o si todavía está basada en grandes dosis de ignorancia. La respuesta es que ambas cosas, con un cierto predominio de la última.

Somos criaturas supersticiosas por naturaleza y esto nunca desaparecerá. La superstición se debe a que somos animales que buscan pautas; buscamos las pautas aleatorias de la naturaleza y unimos los puntos comunes para sacar conclusiones. A renglón seguido, las almacenamos en el cerebro en forma de memoria. Y, por último, basándonos en las dos cosas, hacemos predicciones. Ésa es la función básica del cerebro. Pero cuando cometemos un error en la fase de recogida de pautas, o durante los procesos de memorización —algo que ocurre a menudo—, en vez de hacer predicciones, recurrimos a la superstición.

La clásica ilusión óptica de la mujer joven y la vieja ilustra el inicio de estas dificultades para entender el mundo. Si se predispone a la gente para que vea en la imagen equívoca a la mujer joven primero, verán a la mujer joven; mientras que si se les predispone para que vean a la mujer mayor primero, verán a la anciana. Lo que esto nos dice es que vemos lo que esperamos ver, y esto le complica las cosas a la ciencia. Porque los científicos tienen los mismos sesgos cognitivos que el resto de la gente. Todos somos animales curiosos y exploradores por naturaleza, científicos natos en lo que se refiere a curiosidad, investigación, exploración y ganas de entender el mundo y dotarlo de sentido. Lo que no es tan natural es el método científico: los métodos de comprobación, los grupos de control y experimentación, el control de los efectos del placebo, detectar sesgos en los experimentos. Todo esto es relativamente nuevo: apenas hace un siglo o dos que lo hacemos.

Si se predispone a la gente para que vea en la imagen a la mujer joven primero, la verán primero.

Con la medicina, por ejemplo, somos supersticiosos. Si nos dicen que una prima de nuestra tía María se recuperó de su dolencia porque tomó un extracto de algas, lo probamos sin pensarlo. Pero ¿existe esa supuesta conexión entre las algas y la curación? El único modo de comprobarlo es establecer un grupo de control de mil personas que no tomen extracto de algas, y luego otro grupo de mil personas que sí lo tomen. Después se analizan las diferencias estadísticas entre ambos grupos y se sacan las conclusiones.

Eso es la aplicación del método científico, y su uso creciente hará menos dogmática a la gente. El equilibrio emocional de una nación no depende de que haya muchos científicos ni tampoco muchos practicantes del yoga y la meditación, sino de que cada vez haya más personas que utilizan el método científico: preguntar a la naturaleza más que a las personas, comprobar las ideas sugeridas como convicciones y, cuando sea posible, medirlas.

En los últimos cien años las cosas han mejorado mucho. La gente es menos supersticiosa gracias a la educación pública y al auge de la ciencia. Pero si tomamos los últimos cuarenta o cincuenta años, el panorama no es tan bueno. No resulta natural todavía pensar escépticamente, desaprender lo aprendido, cuestionar las convicciones heredadas. La disponibilidad a cambiar de opinión a raíz de la experimentación y la prueba debiera incorporarse al proceso educativo. ¡Ésa es la magia, la humildad y el potencial del método científico!

¿Qué pasa cuando morimos?

Las bacterias practican el sexo intercambiando trozos de material genético y así pueden aumentar el número de las que desarrollan resistencias a ciertos antibióticos. Cambia su genoma, pero no pasa nada. Un tipo de reproducción sexual como la nuestra es muy distinta, porque ésta implica la generación de un individuo nuevo provisto de un material genético diferente al de sus padres. Los padres no cambian; por lo menos sus genes. La gran novedad es el hijo.

Lo nuestro es muy sofisticado y complejo. Lo suyo es de una sencillez apabullante. Ahora bien, a un microbio, claro, le resulta imposible dejar de ser microbio y ponerse a construir catedrales. Pero tienen una pequeña ventaja: sus genes no mueren. Y nosotros, para perpetuarnos, tenemos que tener hijos porque nuestras células —la mayoría somáticas— mueren.

La gente me pide, a menudo, que les ayude a despejar el interrogante que más les abruma: «¿Hay algo después de la muerte?», preguntan. «¡No es posible que todo termine! ¡Que todo esto no haya servido para nada!», insisten. «Usted que ha hablado con tantos científicos, ¿qué piensa?»

«No lo sé», les respondo de entrada. Y luego sólo se me ocurre hacer referencia al secuestro incomprensible de las células germinales en la historia de la evolución. Tal vez la pregunta podría formularse en otros términos: Cuando uno se muere, ¿qué es lo que se muere? Porque los átomos de los que estamos hechos son, prácticamente, eternos y sólo las células somáticas realmente se mueren. Las germinales, responsables de la perpetuación de la especie, son inmortales.

Cuando sospecho que mi bienintencionada respuesta no les conforta del todo, echo mano de mi último recurso dialéctico: «A lo mejor, lo único que se muere es nuestra capacidad de alucinar y soñar».

Al final, recurro —siempre con ánimo de sosegar— a la fantasía:

«Gracias a la brevedad de la vida, a su finitud, sentimos intensamente. Si la vida durara eternamente, resultaría muy difícil concentrarse en algo. Ni notaríamos el esplendor de las puestas de sol...» Nunca he tenido la sensación probada de que mis argumentos hayan disipado la ansiedad de mis amables interlocutores.

Superar el mundo de la clonación para acceder al de la individualidad, supone aceptar la finitud y la muerte. Una bacteria que se repite a sí misma no muere nunca. Un individuo único e irrepetible, por propia definición, no se da dos veces. Tal vez porque han sido protagonistas de los dos universos, sucesivamente, los humanos siguen sin estar del todo reconciliados con la idea de que la creatividad individual y el poder de cruzar fronteras desconocidas tenga que ir aparejado con la muerte. Ahora entiendo, tal vez, por qué la gente me sigue haciendo el tipo de preguntas a que me refería antes, y el lector aceptará, quizá mejor, mi tipo de respuesta.

Diez mandamientos para no ser infeliz

Cualquier momento puede ser bueno para repasar lo aprendido sobre la felicidad. Ahí van los diez mandamientos para no ser infeliz.

Primero. No intente ser feliz todo el rato. La felicidad es una emoción positiva universal y, como todas las emociones básicas, efímera. Ahora bien, cuando sienta ese gusanillo en su interior que le dice que se siente bien, dígaselo en voz alta a sí mismo: «¡Estoy bien!».

Segundo. Intente disfrutar la preparación y la búsqueda de sus metas y objetivos. Haga como mi perra, que es más feliz cuando está esperando la comida que cuando pone el hocico en el plato de cereales.

Tercero. La felicidad es, primordialmente, la ausencia del miedo. Aparte de su imaginación, todo lo que le puede generar miedo e intranquilidad. Cabe una cierta ansiedad provocada por los preparativos, pero elimine los grandes miedos de su vida, por lo menos durante una temporada. Para perder el miedo a las cosas pequeñas hay que habérselo perdido a las cosas grandes, como la perspectiva de la muerte o la falta de trabajo.

Cuarto. Cuide los detalles y las cosas pequeñas en lugar de seguir obsesionándose por los grandes proyectos. Lo mejor que le puede ocurrir es que le echen en cara que el árbol no le deja ver el bosque. Pues muy bien, olvídese del bosque y disfrute del árbol.

Quinto. Las investigaciones más recientes demuestran que el nivel de felicidad aumenta con la edad. Sabíamos que nunca se es más feliz que durante los nueve meses de vida fetal. Lo que acabamos de descubrir es que el segundo periodo más feliz viene con la edad. Los recuerdos son más numerosos y la consiguiente ampliación de la capacidad metafórica y de la creatividad compensa largamente los procesos de pérdida neuronal.

Sexto. Concentre todos sus esfuerzos en disfrutar de aquello que más le guste: leer, jugar al tenis o al golf, hasta trabajar si le apetece. Todo, salvo aburrirse delante de la tele o en conversaciones sin sentido. Es importante sentir que le absorbe lo que está haciendo.

Séptimo. No desprecie a nadie. La antítesis del amor no es el odio, sino el desprecio hacia los demás. El sentimiento de desprecio implicaba la muerte en los tiempos primitivos y tendemos a subvalorar su impacto nefasto sobre nuestra vida emocional.

Octavo. Cuide sus relaciones personales. De todos los factores externos de la felicidad —como el dinero, la salud, la educación, la pertenencia a un grupo—, el que mayor impacto tiene sobre la felicidad son las relaciones personales. Procure no malograrlas.

Noveno. Aproveche la capacidad que tenemos de imaginar —lo único que realmente nos diferencia de los chimpancés— para pensar en cosas bellas, en lugar de en desgracias. No tiene sentido la capacidad de la mayoría de la gente para hacerse infeliz imaginando.

Décimo. Durante el invierno no paramos de invertir en nuestro futuro o en el de los seres queridos. No nos queda tiempo para gastar en nuestro propio mantenimiento. Hay un exceso de inversión y un déficit de mantenimiento. Aproveche las vacaciones y el tiempo libre para invertir menos y colmar el déficit de mantenimiento de uno mismo.

Un ejemplo de felicidad

La neurociencia sorprendió a todo el mundo hace unos años cuando declaró a Matthieu Ricard el hombre más feliz del mundo. Ricard —biólogo y monje budista, al que he citado anteriormente— tiene una larga experiencia en el campo de la meditación. Fue sometido a un exhaustivo experimento con escáneres cerebrales para medir las consecuencias del tipo de meditación que él practica, en la que se genera un estado de amor y compasión pura, no enfocada hacia nada ni nadie en particular. Los resultados mostraron niveles por encima de lo conocido hasta entonces de emoción positiva en el córtex prefrontal izquierdo del cerebro. Mientras que la actividad del lóbulo derecho —justo en el área relacionada con la depresión— disminuía, como si la compasión fuera un buen antídoto contra la depresión. Y también disminuía la actividad de la amígdala, relacionada con el miedo y la ira.

Ricard, con toda su experiencia y sabiduría, siempre me ha recomendado la meditación. Dice que es un ejercicio excelente para que la mente se calme, se vuelva más clara, y así, sea más flexible y la pueda utilizar para cultivar el altruismo, la compasión y al final, ser más feliz, como él. Y es que después de pasar cuarenta años en el Tíbet ha llegado a la conclusión que lo más importante para hombres y mujeres es conseguir la libertad interior para liberarnos de los procesos mentales que generan odio, celos, arrogancia, deseo obsesivo, entre otros, a través del altruismo y la compasión.

Ricard cree que necesitamos una sociedad más compasiva, en la que hay que tener consideración por los demás y preocuparse por el prójimo, ya que si no cooperamos, todos salimos perdiendo. ¿Por qué disminuye la calidad de vida? ¿Por qué existe una brecha tan grande entre el norte y el sur? ¿Por qué hay toda esta pobreza? Ricard cree que el mundo podría solucionarlo todo fácilmente con los recursos que tenemos y con una mayor dosis de altruismo.

Por otro lado, Martin Seligman, el padre de la psicología positiva, a quien también me he referido antes, señaló que la felicidad consta de tres componentes. Por un lado estaría la búsqueda del placer, esencial pero efímero, predominante en la sociedad actual, y por otro, el desarrollo de nuestra capacidad interior para sobrellevar los momentos difíciles y adaptarnos a ellos, así como la de ponernos al servicio de algo que nos trascienda, algo que sea más importante que nosotros mismos. Todo ello nos puede otorgar la sensación de bienestar, plenitud y satisfacción en nuestra vida.

Porque la felicidad no es la suma de las experiencias individuales, va más allá de éstas y tiene mucho que ver con la percepción y memoria interna de nuestra vida en su conjunto. Por esta razón la gratitud es clave. Gratitud por lo bueno y lo menos bueno de la vida. El ver la vida como una aventura en la que, por supuesto, no todo es fácil, pero en la que el centro se encuentra en el proceso mismo, no en el objetivo final. Vivir con el sentimiento de que cada día es nuevo. Disfrutar del camino y sacudirse el polvo después de cada caída, porque, como Edward Diener demostró, pasado cierto tiempo de cualquier tragedia, se suelen recuperar los niveles normales de felicidad de cada persona, siendo lo que más nos cuesta superar la pérdida de un ser querido y la del puesto de trabajo. Experimentar dolor en la vida da hondura al ser. Quedarse apegado al dolor es un sinsentido. En definitiva, cada uno es responsable de ver la botella medio vacía o medio llena de la belleza de la vida.

Epílogo

Del proto-cerebro al GPS: no es un gran cambio

Las percepciones del pasado están casi todas en el inconsciente, donde se archivan sin orden ni concierto. A primera vista, solo se sienten unos pocos recuerdos de los más de diez millones acumulados a lo largo de media vida. Seguimos sin saber donde están los que ahora mismo no están y reaparecerán algún día. O jamás de los jamases, llevándose consigo el secreto de lo que pudo haber sido y no fue.

La mayor parte de la evolución ha transcurrido sin orden ni concierto; eso ha impedido predecir lo que iba a ocurrir. No me olvido nunca del nido de trilobites disfrutando del remanso marino que les aportaba la presencia inagotable de alimentos orgánicos; solo hacía unos doscientos millones de años desde que había quedado atrás la seguridad del mundo clónico, que no dejaba prever diferencias insultantes con los demás organismos, del sistema de reproducción por subdivisión que garantizaba la forma de la vida y su duración para siempre.

Y sin embargo, de repente, sin que nadie pudiera anticiparlo, una ola de lava de un volcán cercano inundó el nido, dejando sin oxígeno a los trilobites indefensos; en décimas de segundo el caparazón de piedra ardiendo no dejó ni un resquicio a la vida, de suerte que donde había habido latidos y movimiento se hizo presente el silencio eterno de un nido fosilizado.

Las cosas no han cambiado tanto desde entonces, como a veces tendemos a creer. Hay menos volcanes, es cierto. Aquellos organismos del periodo Cámbrico habían desarrollado un protocerebro que les permitió orientarse mejor en la búsqueda de la roca o espacio en donde había alimentos; algunos millones de años después inventaron el GPS que les permitía localizar directamente la calle donde residían los familiares con quienes se había decidido pasar el fin de semana. Poco a poco, se perfiló el mecanismo interno para el sistema automatizado de los procesos que les eran esenciales para sobrevivir: cuando hacía demasiado calor, sudaban; cuando hacía demasiado frío, se cobijaban; los alimentos les bastaba con engullirlos para que, de modo automatizado, su organismo los digiriera sin que ellos mismos se enteraran. La vida dejó de ser una contingencia para convertirse en algo perfectamente controlado. O casi.

Cuando nos enfrentamos a una amenaza seguimos ponderando como ellos, en primer lugar, si es mejor luchar o huir: *to fight or to fly*. Si decidimos luchar, aceptamos negociar con los familiares de nuestra pareja; si optamos, por el contrario, por la huida, lo abandonamos todo y comenzamos de nuevo otra vida en otro lugar, en otro hemisferio.

La inteligencia emocional de la que tanto se habla ahora, no es sino un subproducto de la vida emocional que inauguraron los mamíferos como las ratas algo más tarde. Somos nosotros mismos, mamíferos, con un sistema emocional apenas distinto del de nuestros antepasados inmediatos. Como ellos, nuestra vida la diseñan las emociones básicas y universales como el amor y el altruismo, el odio o la rabia.

Hace tan solo unos cincuenta mil años creíamos que nuestro cerebro estaba por fin desarrollando la conciencia de nosotros mismos; íbamos a dejar de decidirlo todo en función de nuestra intuición para reservar una pequeña parte al pensamiento supuestamente razonado. Ahora sabemos que si disponemos de toda la información en torno a un tema determinado que nos preocupa, vale la pena evaluarlo debidamente, siempre y cuando tengamos el tiempo necesario. Si contamos con todos los datos referentes al problema que nos preocupa y con todo el tiempo imprescindible para evaluarlos, entonces vale la pena recurrir al pensamiento llamado racional. Ahora bien, no es frecuente que se den estas circunstancias; lo normal es que sigamos inmersos en el inconsciente, como las trilobites de hace quinientos millones de años.

Agradecimientos

Durante los últimos años he dialogado con mis lectores de múltiples maneras sobre lo que les pasa por dentro y creo haber aprendido algo más sobre cómo abordar las incertidumbres de nuestras vidas. A ellos debo, en primer lugar, el conocimiento adquirido y en segundo lugar mi gratitud y reconocimiento.

He procurado trasladar esas reflexiones a mis libros, pero también a mis artículos y colaboraciones en diversos medios de comunicación y, de manera regular, cada domingo, en el suplemento *XLSemanal*, lo que debo agradecer a Ana Tagarro.

Además, TVE me ha ofrecido la oportunidad, cada domingo, desde hace ya quince años, a través del programa «Redes», de contribuir a que la ciencia irrumpa en la cultura popular. Mi reconocimiento también a sus gestores.

La entusiasta colaboración de la periodista Thaïs Gutiérrez —dirigida por mi editor, Ramon Perelló, con el apoyo siempre eficaz de Ana Camallonga y el equipo de Destino— me ha ayudado a plasmar de manera adecuada cuanto he querido expresar.

Miriam Peláez, bióloga y directora científica de la productora Agencia Planetaria, ha revisado todos los textos, para garantizar el más alto rigor de los contenidos. Mi agradecimiento también a Beatriz Barco, Javier Canteros, Susana Pinar, Octavi Planells, Cristina Sáez y Magda Vargas, de la misma empresa, por sus valiosas y estimadas aportaciones.

Créditos de las ilustraciones

Página

23	© NASA
32	© SPL / AGE FOTOSTOCK
47	© Andersen Ross / Blend Images / Corbis
64	© World History Archive / AGE FOTOSTOCK
77	© Christoph Wilhelm / Getty Images
89	© Desarrollos informáticos ABADÍA®
96	© Alamy
110	© Desarrollos informáticos ABADÍA®
140	© BDM/Getty Images
146	© Tomás Rodríguez / Corbis
148	© Larry Downing REUTERS / Cordon press.
167	© Getty Michael Busselle – Getty Images
174	© Karsten Moran / Getty Images
192	© Rob Elliott /AFP / Getty Images
195	© Lluís Gene / AFP / Getty Images
202	© Kevork Djansezian/ Getty Images
214	© PIERRE-PHILIPPE MARCOU / AFP / Getty Images
217	© B. Deffe / A. Riviere / Cordon Press
234	© Laurence Monneret / Getty
238	© Getty Boombeg / Getty Images
241	© AISA
260	© Douglas Waters / Getty Images
265	© Carles Salom

Índice